旅游三十人论坛文集

旅游·美好生活的远景与思索

旅游三十人论坛组委会 ◎ 编

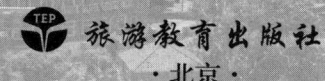

旅游教育出版社
·北京·

图书在版编目（CIP）数据

旅游三十人论坛文集：旅游·美好生活的远景与思索 / 旅游三十人论坛组委会编. -- 北京：旅游教育出版社, 2024. 11. -- ISBN 978-7-5637-4800-6

Ⅰ. F59-53

中国国家版本馆 CIP 数据核字第 2024TS2805 号

旅游三十人论坛文集：旅游·美好生活的远景与思索
旅游三十人论坛组委会 编

策　　划	赖春梅
责任编辑	赖春梅
出版单位	旅游教育出版社
地　　址	北京市朝阳区定福庄南里 1 号
邮　　编	100024
发行电话	（010）65778403　65728372　65767462（传真）
本社网址	www.tepcb.com
E - mail	tepfx@163.com
排版单位	北京鸿文瀚海有限公司
印刷单位	唐山玺诚印务有限公司
经销单位	新华书店
开　　本	710 毫米 × 1000 毫米　1/16
印　　张	13.5
字　　数	214 千字
版　　次	2024 年 11 月第 1 版
印　　次	2024 年 11 月第 1 次印刷
定　　价	68.00 元

（图书如有装订差错请与发行部联系）

‖出版说明‖

2018年第一届"旅游三十人论坛"举办之时，确立了旨在打造旅游领域政策研究与学术交流的高端论坛，探索旅游前沿理论，推动行业创新实践为目标，迄今为止，已成功举办了六届。回顾这一由厦门大学主办，厦门大学管理学院承办，每年11月中下旬按部就班地在最美的城市、最美的校园、最佳的时节、最优的会议大厅——厦门大学科学艺术中心音乐大厅举行的盛会，大咖云集的音乐厅、艺文沙龙，迸发出无数的学术火花与创新实践，与时俱进，不负韶华。

2018年第一届以"旅游理论创新"为主题，2019年第二届以"文旅融合"为主题，这两届的会议主题发言已经结集出版。2020年第三届在极为特殊的时代逆境中，以"旅游·美好生活"为题；2021年第四届以"旅游·影响力&传播力"为题；2022年第五届以"未来旅游：方向、模式与路径——迷茫中的考量与探索"为题；2023年第六届发现"旅游消费理性化和旅游行为非理性化"成为主要趋势之一，为促进旅游高质量发展和提升旅游投融资效率，以"旅游资本：资产化和证券化"为题，深入探讨旅游资源、旅游资本、旅游资产化与证券化问题。2024年第七届"旅游三十人论坛"以"文旅舆情：何以 vs 以何"为题，如期举行。

回顾过去，展望未来，为了更好地举办"旅游三十人论坛"，组委会决定出版2020年至2023年共四届的主题发言，整理出来的发言稿共55万多字，受图书出版篇幅限制，按照主题、学术和实践为标准，节录部分发言稿编辑出版。不足之处，既盼与会专家谅解，也盼读者批评指正。

旅游三十人论坛组委会
（林壁属代笔）
2024年10月28日

目 录

旅游·美好生活
第三届"旅游三十人论坛"

旅游强国进程中的理论建设和文化自信……………………………002
美好生活与过度旅游………………………………………………008
由观光旅游转型度假旅游供给侧规划与用地政策创新……………013
美好生活与四概念之辨……………………………………………017
旅游影响之显性与隐性：基于STSA的三维评价…………………021
后疫情时代旅游业自我救赎之路…………………………………024
中国游客自然旅游中的审美体验…………………………………029
国家旅游形象、心理距离与文化认同……………………………032
美好生活从"迟迟"开始……………………………………………036
旅游业高质量发展的科学内涵……………………………………039
乡村旅游：共创主客美好生活……………………………………043
掘金都市文博旅游…………………………………………………046

旅游·影响力&传播力
第四届"旅游三十人论坛"

港澳青少年的国家认同与游学实现………………………………052
数智时代旅游教育的传播与引导…………………………………057
文化遗产旅游促进国家形象塑造和传播…………………………060

国家文化公园的管理制度创新……063
以"离家"实现"回家":城市中国的旅游与家庭建设……066
大数据与旅游研究应用……070
新时期旅游业高质量发展的几点思考和探索……072
融合中的旅游发展:主体性与主体间性……076
创YI赋能,地方标志性文化旅游商品的研发……079
五维分享理论……081
旅游传播及其引导可能……084
理论在旅游者行为研究中的作用……087
评估和减少疫情下旅游流动造成的社会成本……091

未来旅游:方向、模式与路径——迷茫中的考量与探索
第五届"旅游三十人论坛"

为旅游赋能思想 给文化与市场力量……096
中国范式与国际主流:旅游研究面临的新挑战……098
疫情三年来旅游市场主体与生产能力变化趋势研究……101
面向实践的工商管理与旅游管理研究……104
以需求端驱动旅游供给侧创新,助力中国式现代化建设……107
没有成长的增长!区域级旅游目的地的相对衰退……109
从旅游到微旅游、虚拟旅游:旅游理论建设的几点思考……112
地方文旅项目品牌推广和IP打造……115
旅游目的地全面关系流管理:理论与实践……119
数字科技驱动下的旅游目的地营销新路径……123
旅游发展虚实共生化……126

数字经济战略抢新机，助力文旅业高质量发展战略……………………128
从数字经济到数字鸿沟：区域旅游经济均衡发展的新逻辑与新问题………131
数智时代的文旅产品融合创新开发：趋势、机遇和挑战………………135
数字文旅：产业视角与学术关注……………………………………139
大数据背景下旅游需求预测创新理论探讨与实践前沿…………………143
旅游教育的实践教学体系的解构与重构：来自实践哲学视角的思考……146
情绪价值引导下的旅游发展新思维…………………………………150
可持续旅游与文化遗产保护…………………………………………155

旅游资本：资产化与证券化
第六届"旅游三十人论坛"

走向繁荣的旅游经济…………………………………………………160
博观约取，精投细融——对文旅投（融）资的几点看法 ………………163
当下的旅游经济和未来的投资转向…………………………………166
旅游的另类资本性：三重视角………………………………………170
上市公司旅游资产证券化的模式与案例……………………………174
旅游资产：确认、计量（估值）与报告………………………………177
国内旅游类上市公司股票投资价值研究……………………………180
价格、利润与投资：关于国有景区定价的几点思考…………………183
旅游投资的思考……………………………………………………186
数字普惠金融对农旅融合的促进机制研究…………………………188
数字经济背景下文旅资源开发与价值转化的思考…………………191
断裂、变革与创造——入境旅游恢复与发展中的企业响应…………194
旅游中的声音景观…………………………………………………196

旅游基础设施公募REITs …………………………………… 199
跨行政区旅游吸引物的资本化运营 ………………………… 202
文旅产业趋势分析与携程实践 ……………………………… 204
货币化衡量是景区经营权资产化的根本 …………………… 207

旅游·美好生活

第三届『旅游三十人论坛』

旅游强国进程中的理论建设和文化自信

戴斌[①]

各位学界同仁，特别是青年学者朋友们，今天借此机会我聊一聊当代旅游发展理论建设的问题。我们国家旅游理论研究和高等教育经过四十余年的发展，已经初步地实现了本土化的过程，但是我们本土化的理论有没有建构起来？特别是我们理论建设的指导思想是什么？我们有没有回应重大社会热点现实问题和战略问题的能力？这是我长期思考的一个问题。

从阶段性的因素来看，有的"青椒"认为学生不愿意给导师打工，以至于教育部要专门出台规范来管理研究生导师的行为。我就在想这个大学怎么了？我们是不是在长期的学术研究过程当中，忘记了脚下的土地？是不是在奔跑的过程当中，看不清我们未来的方向了？这是促使我写下这篇文章的一个重要因素。

一、构建以人民为中心的旅游发展理论

我们的国家重视理论建设，强调从实践中来、到实践中去，是我们党领导包括旅游在内的各项工作的历史经验，也是现实要求。习近平总书记在经济社会领域专家座谈会上的讲话中指出，要运用马克思主义政治经济学的方法论，深化对我国经济发展规律的认识，提高领导我国经济社会发展的能力和水平。他在不同的场合谆谆教诲，包括哲学、社会科学工作者要从实践中来、到实践中去，把论文写在祖国的大地上，把话语说到群众的心窝里，把成果应用到经济社会发展的实践中。在国家新冠肺炎疫情防控取得战略性成果，决战脱贫攻坚，决胜全面建成小康社会将取得胜利的历史性时刻，中央召开了五中全会，部署了未来五年经济社会发展工作，开启了全面建设社会主义现代化国家的新征程，这将对中国的文化事业、文化产业和旅游业产生重要的影响。

[①] 戴斌：中国旅游研究院院长、教授、博士研究生导师。

十九届五中全会在构建现代文化产业体系方面，谈到了要促进文化和旅游融合发展，要建设一批有浓厚文化底蕴的世界级的旅游景区和度假区，要建设一批文化特色鲜明的国家级旅游城市和街区，要发展乡村旅游和红色旅游，讲好中国故事，在入出境市场上发力。这些新的部署需要我们从学习领会党的路线方针政策的角度去关注，也要从学术的角度去关注。从发展的角度来看，人民性是当代旅游发展理论的本质规定；旅游发展的各项部署，旅游经济运行的指导思想，旅游教学和研究工作，都必须牢牢地把握本质规定。

毛泽东同志指出，马克思主义理论、马克思主义哲学的辩证唯物论有两个显著的特点。第一是它的阶级性，它声明辩证唯物论是为无产阶级服务的。第二是它的实践性，即强调理论对实践的依赖关系，理论是实践的基础，又转过来为实践服务。回过头看，党领导国家走过波澜壮阔的历史发展进程，这些指导思想是一以贯之的。坚持以人民为中心的旅游发展思想，围绕新时期旅游强国的战略目标，构建服务中国的当代旅游发展理论，成立服务中国实践的旅游学术共同体，将为推动旅游业高质量发展、深化文化和旅游融合发展提供强大的理论动能且塑造社会共识，这应当是包括"旅游三十人论坛"在内的旅游学术群体的共同责任。

二、旅游发展要知国情重人民

要知中国，就要了解中国旅游发展的历史，了解改革开放以来从旅游资源大国到旅游大国的伟大成就和成功经验。旅游活动自古有之，但是我们不能够只看到帝王将相、达官显贵和富商巨贾的游乐和远行，更要看到绝大多数老百姓面朝黄土背朝天，在百里的半径内终老一生。旅游已经进入到国民大众的日常生活，但又要看到平均每人每个季度才能出游一次，每人每年用于出游的时间只有 7.65 天，每次出游的平均半径只有 73 公里，平均消费也只有 941 块钱。这就是中国的国情：旅游基数庞大，但人均消费低。

小康旅游城市梦，一定要紧紧地围绕所在地区人民的需要。我们不能够待在实验室里面去想象产业怎么发展。只有深入系统地了解这片国土，对我们的人民生活有了解和同情，才会理解我们为什么强调让老百姓玩得起，并持续推进国有重点景区门票价格下调的问题。2015 年我们倡导让老百姓玩得起，后来发改委出台了一系列文件。到现在为止，有的同志对这个问题还没有真正地从人民性的角度去解读这些政策的内涵和依据是什么，还在强调景区也是企业。先不说景区是不是企业，景区的资源从哪里来的？谁任命你当董事长、当总经理的？如果使用的是公共文化资源，是国有重点景区，但不承担国有企业的责任行吗？国有企业是国家旅游产业发展的压舱石，是共和国长子；长子不是分饭吃的，是要承担国家责任的。有的同志竟然提出来说景区降多少，取决于中央给景区补贴多少。这种观点在政治上是错误的，在实践上是有害的。只有从人民性出发，才能够理解为什么要把旅游权利作为旅游法的指导思想。否则的话，当年的旅游法很可能成为部门争权、地方争利的法律。

三、旅游学者应深入实践服务人民

要知中国，就要让我们的广大旅游学者深入到旅游产业第一线去，发自内心地认同千千万万普通从业者的劳动贡献、工作价值和职业尊严，时时刻刻都要与他们同在。我总觉得现在的专业教育和学术研究有一种倾向：离基层、离一线人员越来越远。我最近看了学术圈的一个词叫内卷化，或叫卷人。这个情况是谁造成的？仅仅是社会吗？我们的学生毕业以后都在考研、保研、出国留学三条路中去选择。我们的教育怎么了？嘉庚精神是这样的吗？我们培养的本科生不应该为我们的国家经济社会建设服务吗？现在有些教育工作者谈导游、讲解员、服务员、保洁员、驾驶员等一线人员，却不跟他们接触，不了解他们的喜怒哀乐，偶尔跟他们去接触，也是为了发几份问卷，获得几个数据，蜻蜓点水，稍近即退。这个倾向需要引起我们的警惕，并从思想深处加以反思。

科技是第一生产力，专家学者和知识分子是经济社会发展所需要的。党和政府给了我们很多荣誉、待遇，社会也给了我们很多尊重。但不能够由此就觉得自己了不起，就拿着几篇C刊、几本专著和学术荣誉去向组织讲条件，要待遇。更不能心里只想着个人的成名成家，眼睛里看不见实践的第一线，心里面装不下普通的劳动人民。总书记说，时代是出卷者，我们是答卷者，人民才是阅卷者。没有对基层和一线旅游工作者的了解，没有对背着凉白开出去旅游、背着方便面出去吃饭的父老兄弟的同情，学术研究只可能走从文献到论文，从基金到专著，从博士到博导的老路子，这样的学问做不大！我希望我们的学者走出图书馆和实验室的象牙塔，到人民中间去，到旅游实践的第一线去。奔涌向前的时代、产业实践的土壤、广大从业者的话语才是我们理论建构的源泉，才是学者最可以依靠的力量。

广大旅游学者和旅游工作者要走出宁静自得的书斋，走出自以为是的逻辑，多做实地调查，多解决实践和一线提出的实际问题，不要总想着发C刊，总想着上书房行走，给自己弄些亮点，而不愿意为基层服务，甚至给县委书记、县长讲课都觉得跌面子，稍微干点活就讲条件；写一篇材料，就问这是相当于C刊吗；拿一个荣誉，先问是不是省部级。大学怎么这么急功近利？"一条大河波浪宽，风吹稻花香两岸"为什么动人？那是在坑道里唱给那些出生入死的，可能听完这首歌就牺牲在异国他乡土地上的最可爱的人听的，所以才会动情。如果是为了个人成名成家，去金色大厅，唱给名媛听，是不可能有这样动人的感觉的。文艺创作如此，理论研究同样如此。改革开放以来，经济学领域中的价格改革、财税改革、国有企业改革、社会主义市场经济体制改革，为什么会取得那些成就？是因为以孙冶方经济学奖获得者为代表的主流经济学者秉持经世济民的思想，始终服务于经济实践第一线。从这个意义上说，理论是灰色的，而实践之树常青。

四、旅游理论需坚持实践性服务国家发展

实践性是当代旅游发展理论的政治要求。坚持实践性，就要关注旅游在全国整体发展进程中的重大现实问题、热点问题和难点问题。随着决战脱贫攻坚和决胜全面建成小康社会，我们的第一个百年中国梦就要实现了。党和国家正站在新的历史起点上系统地谋划，包括旅游战略的国民经济和社会发展五年规划。在这个新的起点上，国民旅游需求、旅游创新的动能、旅游发展的环境该如何研判？这是重大的课题，我们要回应。我觉得做宏观的问题不见得要看小节。我们要关注到在历史滚滚向前的责任面前，每一粒尘埃落到一个人的头上都是一座山。但如果我们只看到个体的得失，而看不到整个国家奔涌向前的大趋势，那我们的研判很可能会出问题。文化和旅游融合，高质量发展旅游强国到底怎么推进等重大的现实问题，呼唤广大的旅游研究人员和理论工作者投入精力，并尽心尽力做好答卷，就是实践。跟实践相结合，不是要大家都到一线去，挽起裤脚下地干活，或者拿着话筒去当导游。管理实践和企业实践，都是学术成长的土壤。

前段时间，一批微旅游、微度假出现了，如何引导城乡居民欣赏身边的美丽风景，体验日常生活的美好，如何帮助市场主体做好文创和科技应用，如何总结推广旅游系统抗击疫情的经验，让更多人了解他们，是我们的责任和义务。对一个机构、一个个体而言，没有自己的利益，没有自己的得失，这个产业发展好了，党组织领导我们这个全行业发展好了，我们的学术地位就有了。我最想看到的是类似于大型音乐舞蹈史诗《东方红》、长篇通讯《谁是最可爱的人》、长篇小说《平凡的世界》、罗中立的油画《父亲》这样的理论创新式的文艺作品。目前还没有这样的情况。丰富多彩的产业实践，有许多需要我们回答的现实问题，包括旅游发展的理论问题，我们有没有关注呢？事实上，大多数人可能与院士无缘。那么怎么办？如果我们把意义单向度地指向功名利禄和个人成名成家，我看大概率会走向虚无。

今天有很多青年的学者朋友，绝大多数人可能就在平凡的岗位上终其一生。那

我们工作的意义何在？很多人之所以没有走出去，一方面是因为内部生活得太优越，另一方面是引导的问题。真正的文化从来就不是小圈子里自我欣赏的文人雅趣，而是文之大者，为国为民。真正的学问，也不是多么亮丽的学术简历和炫目的学术头衔，而是毕其一生去坚守不负时代的学术理想，去践行把论文写在祖国大地上的学术实践。果真如此，你就会看到各种各样为这个产业发展而殚精竭虑的政府工作人员、企业一线人员。新时代改革开放和社会主义现代化建设的丰富实践，是我们当代旅游理论建设和政策研究的富矿。从大众旅游到小康旅游，从旅游大国到旅游强国，丰富多彩的产业实践，有太多的规律可以总结，有太多的问题可以研究，有万千的业者可以对话。假以时日，我们一定可以开创当代旅游发展理论的新局面，系统回答旅游发展为什么、做什么和依靠什么的战略问题，也一定会产生一批教学名师、学术名家和理论大家。

五、坚持马克思主义指导下的旅游理论国际性与文化自信

国际性是当代旅游发展理论的题中之义。改革开放40年来，旅游学术研究、理论建设、学科建设、课程建设和教材建设都取得了长足进展，基本上实现了引进、消化、研发、创新的过程，并开始与其他主流学科对话，努力进入国际主流旅游学术体系。对取得的成就，我们既不应妄自菲薄，也不应自我满足。无论是学术共同体，还是学者个人树立理论建设和思想原创的雄心壮志，都是值得肯定的。近几年来学界提出来的知识溢出的问题、学科独立的问题、学科升级的问题，付出了很多努力，取得了一些成就，但始终不自信、不从容。很大程度上讲是因为我们在演说中国故事之前，不了解中国造成的。

旅游强国进程中的旅游学术研究和理论建设，必须旗帜鲜明地坚持以马克思主义为指导。当代马克思主义、当代中国哲学社会科学是以马克思主义进入中国为起点的，也是在马克思主义指导下逐渐发展起来的。离开了这一点去谈国际化，去谈国际接轨，就很容易放弃前面说的人民性和实践性这个基本立场，中国的旅游学术研究和旅游院校就会成为西方理论的输出地、学术话语层；离开了这一点去谈国际性，也很容易让中国的旅游学者失去自己的独立性。以西方的学术标准给自己贴标签、戴帽子，把广大青年学者引向肤浅表象地了解世界，而不是深入系统地了解中国，幻想以论文发表走向世界，而不是以项目落地来服务中国。从这个意义上去讲，国际性要讲好中国旅游发展竞争中的中国故事，传播中国声音，阐释中国特色。核心就回到旅游研究中的意识形态问题和文化自信的问题，在这个问题上不能含糊其词，更不能够躲避，也不要绕圈子。什么是意识形态问题？就是世界观、方

法论，就是站在什么立场上，为什么人做学问的问题。

　　这么大一个国家，这么大一个产业，没有方向旗帜行吗？没有核心的领导集体行吗？学术研究怎样为它提供精神动能和思想的动力，是我们要做的。我甚至跟一些同志在聊，经常说这个是国事，那个是国事，哪有那么多国事，只不过是一群为了国家富强和人民的幸福，在党的领导下的学者，将他们的聪明才智乃至生命都献给了国家，献给了时代和人民。

美好生活与过度旅游

张广瑞[①]

一、过度旅游的社会争议与演变

过度旅游这个概念演变的过程比较长,在这个过程里,人们经常会想到的是拥挤,比如旅游饱和、人满为患、环境脏乱、拥挤不堪。在人类社会发展过程中,对旅游的发展赞扬的声音不少,同时也有不同的声音,这种声音应该是由来已久的。尤其是在西方,讲到在一些城市和地区把旅游现象、拥挤现象当做旅游杀伤力或者社会罪恶,或者当地出现了反旅游的现象,或者一些城市出现了旅游恐惧症。一个非常典型的事例是,英国的《金融时报》1993年发表过一篇《一个叫做"旅游"的社会罪恶》的文章提出,我们对待旅游应该像对待香烟一样,在所有的旅游广告上加上这样的警语:旅游对一个国家的健康是有害的。这个人说话言辞比较激烈,因为当时是旅游刚刚发展的时期,所以该言论并没有引起很多的关注,如果发生在今天,可能面临的反应会有点不一样了。

二、过度旅游与媒体关注

过度旅游有四种体现。这一次的关注应当说媒体的关注更快,尤其是自媒体网上,因为它有互动,它有速度,传播快,影响比较大。再一个就是典型的案例不断发生,一些国家,一些城市,一些地方,过度旅游的现象已经非常严重,政府机构和国际组织开始采取行动。媒体领先关注是个很有意思的事情,大媒体、小媒体、自媒体,通通关注,非常强烈。过度旅游在世界各地包括一些非常著名的景区、国家和地域都出现了。也许有人说这是旅游非常发达的景观,可更多的人认为这个景观不应该是我们要看到的。对旅游者的不欢迎出现在了街头,出现了 kill city(杀

[①] 张广瑞:中国社会科学院旅游研究中心名誉主任研究员、中国旅游研究院学术顾问,教授。

死城市）这样的词语。有两个我印象比较深，一个做媒体的 skift①，这是在媒体里边利用文字第一次阐述过度旅游的。另外一个就是关注可持续旅游的营销网站。这两个机构自从它们成立之时，长期把过度旅游作为专门的项目。另外一个就是国际旅游发展趋势研究公司，这些公司利用各种各样的方式，特别是用研究报告的方式向世界提出了关于过度旅游应该如何认识，像德国 IPK 2017—2018 年报告里特别提到了国际旅游业需要新的战略管理过度旅游。世界经济论坛预测世界经济，其中每两年做一个全球的旅游竞争力的报告。这个报告专门提出过度旅游，用于描绘旅游对目的地居民和游客的负面影响，通常是旅游目的地，其旅游管理不善导致的过度拥挤的结果，可以认为是旅游目的地超出其旅游承载力能力的后果。世界旅游组织在 2017 年专门举办了一个关于过度旅游的旅游部长分会，讨论对过度旅游的认识和管理。欧洲议会在 2018 年也发布了过度旅游影响最有效的应对政策。

三、过度旅游与学界研究

学术界关注过度旅游是从欧洲比较拥挤的城市开始的。对过度旅游的关注已经越来越深入了，学术界从不同角度来研究，从社会学、城市学、人类学、管理学等各个方面。我在 2023 年 11 月 4 号查了一下，关于论述过度旅游的文章大概有 7 万多篇。过度旅游的定义是：由于临时性的、季节性的高峰，游客的过度增长，从而导致生活方式、设施和福祉的永久改变。但在马利诺（专门研究过度旅游的专家）的新书里面出了一个新的概念，是 degrowth（倒增长）。我们一直讲旅游是不断增长、不断发展的，而他在考虑如何衰减旅游的发展，我觉得这是一个反思。那么他另外一本书里边，就讲了衰减旅游的反思，应该重新定义旅游，注重地方社区的权利和重新构建旅游业的社会承载力，注重社区承载力和社会承载力，其主张是重新定义旅游发展，将地方社区的权利置于游客的度假权和旅游企业的营利权之上。这是需要我们研究深思的。旅游的发展有没有限度？我们如何找出一个既不需要增长，又能维持人类繁荣的经济的新模式？用这个来破解过度旅游的难题。现在探讨的越来越多方法，越来越多方式，什么叫过度旅游？这是个难题。

虽然过度旅游已经成为全球关注的议题，对它的负面影响有了一些共识，然而对这一现象的认识还有一些争议，至今没有形成一个公认的定义。这种现象的特定含义仍然在探讨之中。尽管有很多书，人们对到底它是什么，如何定义，还仍然在探讨。

各种定义不一样，那么看看官方的定义，特别是世界旅游组织的定义：过度旅

---

① skift，一家于 2009 年成立的美国公司，是世界知名的旅游行业资讯平台。

游是一种消极的方式,它超过了公民认知的生活质量或者是游客体验的质量。欧洲议会提出来,过度旅游只是在特定的时间和地点,旅游的影响超过了物质、生态、社会、经济、心理和政治能力的极限。过度拥挤,这个术语本来就不是很确定——拥挤可能是一种正常现象。旅游业内人士和旅游者自己都普遍承认这是个问题,所以这个问题很复杂。谁在关注?从现在看来,最初关注的是旅游目的地当地居民。从过度旅游的发生和发展的过程来看,最优先被关注的是一些欧洲的老牌的旅游国家,如意大利、西班牙、法国、英国以及挪威,其城市是威尼斯、巴塞罗那、柏林和里斯本。另外一个是关注可持续发展议题的机构,他们特别关心旅游发展的规模、格局及其重要影响的变化。这类机构既有官方组织,也有民间组织。

四、过度旅游对个性化体验的影响与全球范围的挑战

关于国际旅游者本身的关注,一般的情况下,他们容忍度比较高,他们要去旅游,去到这个地方,拥挤不拥挤?他可能提前已经想到。因为这是宣传的原因,好多目的地成为一生一世必须去的。他去了挤一点并没太多的感觉。还有一种是去了以后证明我到过,多拥挤也没有关系,目的达成了,也没有很多的抱怨。但是从现在看来,追求个性化体验和提高自身知识和能力,要做深度旅游的人越来越多。这些人会亲身感到自己的体验受到了威胁,他们更加敏感。影响谁?影响什么范围?我想它影响到环境、经济、社会三个方面。有一个机构制做过一个过度旅游世界地图,标出了过度旅游现象比较明确的有63个国家和98个旅游目的地。所以说,这个问题是个多年形成的大问题。尽管世界旅游组织一直对旅游的发展持乐观的预测。但是有一些机构认为,除非旅游改变发展方向,否则可能成为这个星球上问题最多、最不受欢迎的行业之一。世界旅游组织还提出旅游的拥挤不仅和游客数量有关,还与管理游客的能力有关。旅游拥堵现象通常是地方问题,旅游拥挤并不是旅游业独有的问题,技术和智能的解决办法本身也很重要,但不能解决拥挤问题。过度旅游并不等于大众旅游,过度旅游不只是旅游问题,并且过度旅游也不是一个城市的问题,对过度旅游还需要更加深刻地了解和认识。

五、过度旅游责任归属与影响分析

到底谁应为过度旅游负责?第一个说法是人人有责。因为我们如不是旅游者,就是当地居民,就是企业,就是政府,所以我们都想拥有旅游,旅游问题出现我们都有责任。旅游是个易于占别人便宜的行业,总是用别人来发展自己。目的地、旅

游局总会给人一百个理由去造访，尽管他们知道那里已经拥挤不堪。目的地加大营销和限制营销的决策确实很复杂，在政府层面衡量旅游的成功还主要是依靠旅游数量和上座率，不是数字背后的问题。媒体尤其是旅游媒体，经常是报喜不报忧，因为说旅游太拥挤了就没人去了。总而言之，就是人人有责。但是另一种说法，是政府负责，政府是所有政策的制定者和实施者，旅游发展的政策和战略是由政府制定的，因此政府应当负主要责任。解铃还需系铃人。过度旅游怎么形成的，诱因的说法也很多，有的在谈全球城市化增长速度，有人口的增长对城市的压力，大众旅游各种需求的膨胀，还有世界对旅游发展有着一个普遍存在的助推式的营销方式，对旅游的发展品质期望值并不高。因为人类已经认识到可持续发展的必要性并产生了深刻的影响，感到了责任更重大，所以这也对旅游的消极影响更加敏感。那么我觉得这个诱因和刚才提及的政府负责论是相对应的，即最好的和最差的旅游业都是以政府为中心的。换言之，政府应当对过度旅游的负面影响负有最重大的责任。

六、国际机构与政府应对过度旅游的措施与实践

采取的措施方面，政府机构，比如世界旅游组织和世界旅游理事会都已经做出了非常详细的报告。鉴于他们的认识，提出了如何解决和控制过度旅游的问题，但其重点有别。欧盟作为政府机构，欧盟议会做得比较详细，主要从体制、制度、规定来解决。可持续旅游组织，民间组织一直在强调，问题不在于缺乏解决这个问题的方法，而在于不愿意接受或承诺解决这个问题。应急措施现在开始做了。欧洲在过去三年期间采取了一些临时性措施，比如征收入境税、增加进城税、过夜税，关闭一些岛屿，关闭游轮港口，提高景区价格，制定游客限制量，做得非常得快，实施得也很严厉。

七、中国应对过度旅游的现状与挑战

过度旅游中国也未能独善其身？中国到目前为止有一些案例上了国际名单，比如中国的长城，中国的重庆，但是总的来说，我们还没有进入过度旅游的国家案例，对中国这一问题研究并不是太多。中国的媒体对这一问题的反应不是很强烈，学术界沉默的比较多。中国是个想成为旅游强国的国家，在发展的过程中，过度旅游的问题不仅存在，在一些具体时段，具体城市，尤其是一些特定的景区景点存在的问题也不能说不严重，其影响是令人担忧的。所以研究一下国际经验和教训对我们有好处。比如我们每年长假期之后总有一个辩论，对黄金周总有异议。政府所关

注的主要还是人数的增长，并以游客人数和消费额增长率论英雄，创新高是骄傲。

尽管国家有些部门对景区承载力做出了核定，但是在门票驱使下，真正做逆营销的目的地很有限，但现在已经开始好转，有些地方做了。一些著名的自然和文化遗产，因旅游者过多或过于激增，受到破坏和存在潜在威胁，这是值得关注的。旅游休闲发展依然以商业性的活动为主，政府对公益性、教育性、康体健身等旅游活动的认识不足，提倡不够，支持力度不大。近些年以来，中国公民出境旅游激增过度集中，其中一些特殊的方式比如低价团，买买买，包括购房、移民生子等现象，引发当地一些异议声音，还有中国成为极地旅游的主导市场，主体市场，也引发一些机构团体的担忧。

八、后疫情时代旅游业的重生与可持续发展策略

疫病发生促进旅游业重生与升级，而绝不应是简单地恢复以往。对此要做出充分的准备，对未来的判断应当是做好疫情常态的准备，未来将是疫情后的常态，而不再是疫情发生之前这个常态。旅游发展要以为促进美好生活做贡献，不应当过多地强调单一的经济效益，要坚持以可持续旅游发展的方针，在认识和行动上要尽量主动避免和减缓过度旅游的出现。即使当前报复性的消费和报复性的营销也在盛行。在确定未来旅游发展战略和决策中吸取已有的经验和教训，一定要在拐点中找到正确的方向。旅游业的发展到底应当把什么放在第一位，要认真思考。

"十一"假期之后，有让我们高兴的事情，也有应该让我们反思的问题。要坚持用新时代美好生活的理念与政策促进可持续旅游的发展。习近平主席特别提到，人们对美好生活的向往就是我们的奋斗目标。这里说得很清楚，美好生活，大家的美好生活。最近的关于"十四五"规划里特别提到，要坚持以人民为中心，坚持人民的主导地位，坚持共同富裕的方向，始终做到发展为人民，发展依靠人民，发展成果由人民共享，维护人民的根本利益，激发全体人民的积极性、主动性、创造性，促进社会公平，增进民主、增进民生福祉，不断实现人们对美好生活的向往。

我们现在正面临这样一个选择，即世界经济论坛2019年世界旅游竞争报告中提出的警示所言，全世界旅游业正处于这样一个拐点，必须要在追求旅游业短期无限制的增长，还是要努力遵循可持续发展的道路，在长期持久的健康发展中做出明确的、明智的选择。毫无疑问，面对这个拐点，中国也必须做出果断的选择。很不幸的是，世界经济论坛这一警示仅一语匆匆。这次病毒被视为旅游再度振兴重生之时，这个拐点的警示依然有效。我们是否有必要重新考虑旅游的定义，从社会发展的角度重新审视旅游发展的模式选择是值得研究的，因为这都与美好生活息息相关。

由观光旅游转型度假旅游供给侧规划与用地政策创新

吴必虎[①]

今天我们讨论旅游用地的一些观念、政策，或理论问题。习近平同志最近经常讲要把论文写在祖国大地上。大家知道这里最重要的问题不是论文，而是大地。因为没有地，你论文就没法写在大地上。那么换一句话说，如果要发展度假旅游，如果没有发展度假旅游的地，度假旅游就发展不了。我将从三个角度来跟大家分享。

在这个百年未有之大变局的背景下面，第一个问题，旅游将发生什么？旅游即将进入度假旅游这样的阶段了，为什么这么说？等一下会条分缕析地给大家理一理其间的道理。第二个问题，我们长期以来在短缺经济时候形成的一整套的制度观念，比如说中国人多地少，要严格控制建设用地，建设部说不能够建独栋的分离式的建筑，必须至少要连排别墅，这些都是非常落后的一些观点。而且你们听了很多年那些以为非常科学的话，其实非常不科学。我们是做科学研究的，应该把科学的事实告诉大家。第三个问题，用官方数据来比较，在未来五年里面，甚至更长一段时间里面，各种政策是不是要做调整？如果说要做调整，怎么调整？

一、旅游转型与社会发展及政策需求

首先来看看现在我们这个社会，从旅游需求角度来说，美好生活和旅游有很多关系或者各种关系。从党的十九大以来一系列的政策的顶层设计来看我们社会发展的新阶段，总的来说中国已经进入了后工业化阶段，尤其像厦门、像珠三角、像长三角这些地方。什么叫做后现代社会？什么叫做后工业社会？什么叫休闲社会？休闲社会的文化和旅游消费的特点是什么？一句话，后工业社会、休闲社会或者叫做

[①] 吴必虎：北京大学城市与环境学院旅游研究与规划中心主任、教授、博士研究生导师。

过剩经济，这种社会的特点是制造和生产东西不困难，困难的是把东西卖掉，这是主要矛盾，所以这就叫过剩经济。面对整个过剩经济我们还在讨论短缺经济，或者用短缺经济的思维来考虑土地怎么使用，这就是政策或者说上层建筑已经赶不上生产力的发展了。这就是我们为什么说旅游从观光旅游转型度假旅游，这个转型非常重要，因为这不仅是旅游发展本身的质量问题，更是涉及党的十九大提出来的人民对美好生活的向往、期待、要求。我们现在政府所管的这套东西，第一不平衡，第二不充分。不平衡，有的地方旅游资源特别多，有的地方旅游资源少；有的地方旅游产品多，有的地方旅游产品少；有的地方观光旅游过剩，度假旅游不足，但整体上来说是度假旅游产品不足，这是主要的。

从观光到度假的这个转换有什么基本特点？大家知道中国有一个词叫风景，日本有一个词叫风土，风土一词很有可能是从唐朝前后传过去的，西方有 landscape（景观），不管是西方的景观，中国的风景，还是日本的风土，都会有一个看的景。什么叫景？景这个词是高的意思，那么风景或者是景观，就是质量比较好的风景，这样的一种景观对象，是以看为主。观光旅游对用地要求很低。因为长城在那里，你去不去都在那里，金字塔就在那里，九寨沟就在那里，当然看九寨沟也要有一个小的旅店，差一点没问题，对当地的食品也不再计较，这是观光旅游的基本特点。也就是大家为了看好的风景接受了住和吃质量不好的这种条件。但是度假旅游不是这样，度假旅游是 relax（放松），是很舒服，安全性、舒适性要比观光旅游提高好几倍。那么舒适性提高就要求建筑面积变大，房子密度不能太高，不能是连排别墅，要独栋别墅，独栋别墅不让建没关系，可考虑去农村买农民的宅基地，但是所有的这些都不允许。老百姓都需要这些服务了，需要这些政策了。然后那些部，比如说农业农村部、住建部都说这个不行，那个不行。

二、短缺经济路径依赖下的旅游发展困境

为什么不行？总的来说，他们所说的道理全是短缺经济时候形成的道理。什么叫短缺经济？就是生产的东西不足，买自行车要有自行车票，买肉要有肉票。短缺经济和过剩经济完全不同。我们现在这个社会有一个叫做短缺经济的路径依赖，它制约了社会的健康发展。对这种路径依赖有专家已经专门研究。

所有的无人海岛的开发，把开发的时限定为 20 多年，30 几年。而那个地方没水没电，要大量的投资，是几千万的投资，但过几年还没有赚钱就又被收回去了，谁会投呢？为什么不把租赁时间规定长一点？它的性质依然是国有的，国营企业代表政府行使处置权，处置 30 年、50 年和 100 年都是处置权，物权没有受影响。生

态环境非常重要，提高环保要求也没有问题，每个景区限定一定的容量也没有问题。但是一听说搞环保，就把青海的三江源景区关掉，这就叫懒政。因为所有的国家公园从来没有说不能让游客进去，而是说什么时候进去，每次进去多少，进去以后能干什么，不能干什么，就可以了，而不是关闭。不符合规划，要拆，是否应检讨一下你的规划是否有问题？这是问题的实质，而不是说我们建多了，建错了。总的来说乡村旅游供给不足，不是建多了，不仅不拆，还要多建一些，这才符合人民对美好生活的期望。

三、旅游产品升级需解决度假用地问题

人们对于以度假旅游为主导的旅游产品的消费需求是非常高涨的，所以旅居生活为了 a minute（片刻）而进行 migrate（迁移）是越来越普遍。migrate for a minute 就是为了一种好的生活状态而进行旅居，所以未来高频、高品、深度的度假体验市场会越来越大。这部分市场有多大？现在是一到两个亿，未来五年到十年会增长到五个亿，也就是中国有 30%～40% 的人会有这种旅居买房子的度假需求。这个时候我们开发度假产品，肯定需要度假用地。度假用地是可以供给的。观光旅游产品非常丰富，但是度假资源真的是不足的。譬如说风景区，或者国家公园，美国是每万人有 11 平方公里，我们每万人只有一点几平方公里，比人家美国差 10 倍。度假资源不足，这个产品要升级，从观光旅游转向度假旅游升级，去地产化很难。为什么很难？因为前面我说了建设用地拼命地控制得很紧，一紧了建房子、卖房子就赚钱吧，于是所有人都去炒房地产。全国人民都去炒房地产，当然特色小镇就做不出来，少数几个做小镇的还被批评，譬如说莲花湾被住建部批评得一塌糊涂，说你搞地产。一方面不让搞度假产品，不提供建设用地，一方面又批评人家搞房地产。又如，一提高尔夫，每个人都眼一瞪，说高尔夫是坏东西，但是你知道高尔夫实际上是个很正常的度假产品。日本是有 2 亿人口，我们是 14 亿人口，是它的 7 倍人口，那么高尔夫应该也是它的 7 倍，但是我们现在有身份证的高尔夫球场就 300 多个，而日本是 2600 个，日本土地比我们紧张得多，如果你在世界上说中国人地关系紧张得不得了，比日本还紧张，那显然是不成立的。所以这个就说明不是高尔夫有问题，是高尔夫政策有问题。

四、建设美好生活需调整土地政策支持度假旅游

未来中国的美好生活怎么建设？一定是要提供足够的度假产品，为居住旅游

提供政策支持。什么叫居住旅游？例如，厦门人在厦门附近的岛上海滨能够买农村的宅基地，这个就是我们说的居住旅游第二住宅。100万人口城市都应该要做一个环城游憩带、环城度假区的规划，提供给城市居民选择，然后那些气候条件特别好的，像云南、海南这些地方就要做远程的度假地产规划。现在一去海南就奔着买房子，那不是故意把海南的房子往上炒，对吧？因为当你供给紧张的时候，价格一定涨停，这个是千百年来的道理。

为了实现美好生活，我想呼吁大家，必须改变土地政策。通过这样的办法来全面提升我们的度假生活，同时把一些沉没的社会成本给用起来。

五、民营旅游需土地政策支持以助力美好生活建设

真正的美好生活实际上要靠民营企业的，因为民营企业靠质量来竞争，需要激发它们的活力。最近文旅部让我提一些建议，我就把上面的意见提出来了。

总的来说，这些都是中共中央关于"十四五"规划中提出来的，各种度假的、世界级的度假区、旅游区，然后全国级的旅游休闲城市或者休闲街区，都是说的这些东西。但是如果土地观念和土地政策不改变，规划中的这些所有的政策或者是期待都会等于零，都将无法实现。所以把论文写在祖国大地上，首先要给我一小块地。

美好生活与四概念之辨

谢彦君[①]

美好生活，实际上从旅游的角度来讲，主要在美好城市和美好乡村，而城市和乡村都是旅游发展的两个最重要的落实层面。"四概念之辨"，包含着理论思考，但是面对的问题我想还是实践当中的问题。我在 2010 年专门写了一篇文章，是旅游发展过程当中曾经遇到了，甚至到今天我觉得可能也未必真正得以系统解决的实践问题，即在旅游城市竞争力评价方面，我们可能没有真正弄清楚城市、旅游城市、城市旅游，以及城市中的旅游这四个概念，它们的内涵，它们的区别，以及这种区别对我们的实践有什么影响。

这里涉及几个核心观点，算是终极之问，美好生活实际上是价值判断的东西，是涉及具体的人的，所以说会涉及谁的美好？然后在此基础上我们做四个讨论，第一个是美好城市美在什么地方，在此基础上辨析四个概念。第二个是讨论一下旅游城市核心竞争力究竟应该体现在哪？第三个是城市旅游，一般的旅游者在选择城市进行旅游的时候，其间存不存在可以归纳总结的一些东西？第四个就是城市中的旅游。事实上各个城市的旅游可能最集中突出在文化孤岛或者是自然孤岛这样的景点，主要涉及国有景区门票的价格。

一、美好生活与旅游城市核心竞争力

当我们谈美好生活的时候，实际上这是有阶层关系的，或者称阶层差异，是有立场的，大体上可以从国家的角度考虑。在国家的尺度上，有城乡之间的差距，有东西部之间的差别，也有贫富之间的差别。现在不管是通过旅游，还是通过其他方式想寻求美好生活，事实上最后落脚点都落在这些差别的最终消除上。还有一个角

[①] 谢彦君：海南大学旅游学院教授、博士研究生导师，文化和旅游部中国旅游研究院旅游基础理论研究基地首席专家。

度，从旅游专业的角度来看，美好生活最终就是一个利益相关者的问题。

核心的问题是城市问题，事实上我们是可以通过发展乡村旅游和城市旅游，最后达到对某些人实现美好生活的愿望。中国最近的40年来，在整个城市发展过程当中，在城市个性、风格、品位整个的打造上，实际上是消灭了整个城市的特性，我把它最后归结为是城市的位格。位格就是由性格、品格、风格这几个决定的，它们决定一个城市，不管是在旅游的话语里边，语境里边，它所处的地位，叫做位格。在这里边，我们经历了很多很多比较尴尬的事情。例如，云南建水城保卫战，县政府为了发展旅游业，把明末清初的老街推倒，最后重建一条旅游街，明清一条街；济南的火车站推倒了，然后新书记又要来再建。

我们坚持了很多年做旅游城市核心竞争力的评价，这些评价依据都是由学术提供的，但这些依据到底合不合适？这么多年，用各种各样指标，在对旅游城市核心竞争力进行评价的时候形成的结果，几乎永远北京是第一，上海永远是第二，然后第三、第四会是在重庆、天津、广州之中等等。我看到的最多的排名，排了100位。第100位是哪个城市？是丽江。从旅游城市这个概念来讲，丽江被评为100位，合不合适？正是由于用GDP、基础设施，甚至电话装机容量、人口等指标来衡量，才出现这种结果。所有的城市为了争夺优秀旅游城市，大家都用这些指标来主导各自的建设。那么20年、30年下去，旅游城市就会一点一点地消失。这些问题都是实践当中很大的问题。城市建设发展了20年以后，渐变得千城一面的时候，我们今天去回顾这个过程，学术在这里边发挥了什么作用？我的个人观点是不要用城市的核心竞争力取代旅游城市的核心竞争力，这是我要谈的第一个问题。用人口、城市的发展、经济发展水平、基础设施等等来衡量，就导致我们把真正的有特色的，从旅游角度可以体验的城市一点一点变没有了。这是讨论的第二个问题。

二、城市街区与旅游决策迭代

如果一个城市有自己的风格，有自己的性格，有自己的品格，像布拉格那样，像伦敦那样，或者是欧洲的一些小城镇那样，那么大家就会想到游客的整个决策过程，整个城市目的地的决策过程，就会出现决策的迭代过程。首先是在各种各样的城市当中去选择，这个时候城市自身的位格，就凸显出来了，我们肯定是去城市整体上很有特点的目的地。到了一个城市内部，我们又选择什么样的街区去旅游？这又出现了第二个层次的决策。目前我们国家在有些城市里发展起来一些很好的街区，或者保留了一些街区，像厦门的曾厝垵，像成都的宽窄巷子，苏州的平江路。

在特色街区打造上，实际上是在努力偿还以前的欠账，或扭转、提升我们走过头的一些事情。但是唯一的遗憾是，作为一个整体城市，能够吸引人的那种风貌，很多地方是没有的。所以我们冲着宽窄巷的锦鲤去成都，冲着平江路去苏州，冲着曾厝垵来厦门。如果是这样的话，那就是说街道的打造是成功的，但是我们的城市打造，实际上是留有遗憾的。街道为什么能够吸引游客？这个街道内部的一些场景、肌理，可以叫做刺点，实际上也就是在人的认知过程当中，能够形成极大吸引力的那种东西，到底是什么？实际上我们在选择城市的时候，得出一个结论，就是存在着从城市到街区，再到街区内部的构景之间，这决策上的三级的迭代过程。这给我们的启发就是，城市的小街景要构造，街区要好好构造。而整个的城市作为一个大的旅游目的地，努力去打造一个风格化的目的地，这是很重要的。这是讨论的第三个问题。

三、国有景区降价政策

第四个问题就是关于重点国有景区降价。因为国家发改委在2018年的时候出台了一项政策，要求所有的国有重点景区普遍降价30%，甚至直至免票。这个政策出来以后，在执行的时候不是很顺利，所以国家发改委连续又出台了一些后续的措施。这个政策目标就定位在满足人民对美好生活的期望。这个政策作为一个实践的政策，尤其是关系到全国层面，要出台需要考虑这么几个问题，第一个，比如说现在国有景区门票贵，那先要用事实说话，到底贵还是不贵？第二个就是门票降价，或免票的理论依据到底有没有？我觉得政策都应该有理论依据。第三个是免票降价之后的实践价值到底有没有？能不能发挥？还有最后一个问题是可不可行？你去游一个5A级景区，你觉得贵。你肯定是由于各种各样的比较，最后形成的一个观念，否则的话从中国人现在的支付水平来说，整个消费结构来说，它根本就不贵。

门票的理论依据是什么？主张门票降价的时候，它的理论依据主要是国有景区是国有的，国有的产品就是公共物品。公共物品的意思是什么？是人人有份。既然我有份，你价格那么高，我就没有资格去享受，所以说要降价，以至于免门票。公共物品或者公共所有存在着实质公有和名义公有的问题。旅游产品不是一瓶酱油，你可以轻松地买来。你是要付出很多其他成本才能去的。故宫一旦免费，那么北京的老大妈老大爷在下雨阴天的时候，就会带着他们的小孙女在故宫里边滞留不出来，这样就导致实际上的降价。国有景区的降价并不能实现公有。我的观点是，不仅国有景区不应该采取低价策略，反而应该适当地采取高价的策略。

在实践当中到底什么样的景区能够免门票？我们引用的例子全都是杭州的西

湖，厦门的鼓浪屿，但却从来不引用，比如说新疆的喀纳斯，或者是哪个偏僻的地方的某一个5A级景点。仔细去思考以后会发现，应否免门票的或者降价的那些，有两个条件，一个免了门票或者降低门票以后，能否大幅度改善游客在景区内的体验。第二个就是能否大规模带动游客的景区外消费。杭州的西湖，厦门的鼓浪屿，它们能够大量地带动周边消费，而更多其他的景区就不行。所以，国有景区免门票政策是不可行的，不可持续的。如果再把它纳入到市场经济的情况下，免门票就更不可思议了。我接到很多的5A的、4A的景区的老总的反映，他们说，门票30块钱、40块钱或50块钱，就可决定他这个企业到底能不能持续运行下去。海口市三亚的4A级景区鹿回头，30块钱的门票，能够保本，现在发改委天天给他打电话要降到21块钱，他愁死。当然这个景区里边的其他的一些经营上的问题，那是另外一回事。

旅游影响之显性与隐性：基于 STSA 的三维评价

刘静艳[①]

美好生活到底是什么样子？我们可以给美好生活定义，从不同的维度去定义它，最后总是要用一些数据，或者用一些量表去观测它。因为通过一些数据观测之后，才能够反映到底美不美好，美好到了什么程度，或者是哪个地方有短板，然后在哪个地方还应该进一步地去加强。

一、命题提出的三个背景

这个命题的背景，实际上就是三个问题。第一个问题就是对于以往研究的反思。我们看一下，对于 TSA 可能大家不会太陌生，就是旅游卫星账户。旅游卫星账户实际上是一个西方的工具，用于研究旅游对经济的贡献，因为大家知道旅游是一个非常多元的产业，它涉及很多的方面。而在它的这个贡献过程中，就会发现在计量的时候，它被计量到别的地方去了。比方说酒店的就计量到住宿那里了，旅游交通就计量到交通那里了，旅游对于经济的贡献被解构，不能够很好地去度量旅游对经济的贡献。实际上 TSA 的价值就是体现在这里，把一些非常分散的数据进行重构，然后综合地去分析它对经济的贡献。但是随着我们做了四个项目，我们也发现 TSA 存在的短板：参照 RMF 2008 的账户的表示（西方大家认同的用于观测旅游经济贡献的一个编制表示），编制一个账户表示，费时费力、成本高，编制一次性、无法对动态追踪、不具有横向可比性。

第二个问题就是我们说的 TSA 的国际化和本土化的问题。因为我们放到中国的情境下，研究的范式需要变成中国大地上的范式，而不是简单地沿用西方的范式。

第三个问题是技术驱动。大家知道在研究旅游经济影响的过程中，主要源于数据，但那个时候的数据是相对传统的。因为是传统的一些数据，所以收集数据的过

[①] 刘静艳：中山大学教授、博士研究生导师、中山大学管理学院副院长。

程费时费力，成本非常高。面对现在的大数据和人工智能，其实这就是一种技术驱动下对研究的冲击，所以我们需要有这样的一个思考。

二、显性与隐性的界定

先来看一下对隐性跟显性的界定。为什么说可持续？刚刚讲了 TSA，它主要是经济维度，主要测量的是对经济的影响。那么对社会的呢？比方说旅游到底给人们带来了多少幸福感？到底带来了多少可获得感？我觉得这也是一个非常好的研究的视角。它是对心境的研究。还有一个问题就是环境，这是基本的可持续发展的三个理论维度。从实践维度上来讲，为什么说可持续？实际上我的诉求是希望建立一个账户之后，这个账户的使用是可持续的，而不是一次性的。我为什么这么说？因为很多的城市，也包括国内的有些城市，做完之后，大多数的情况下，其实后续的应用还是有很多提升空间的。如何让应用可持续，是对这个题目的一个可持续的解读。

卫星账户到了 1999 年的时候就被世界旅游组织用做旅游对经济影响的度量方法了，成为大众比较认同的一个研究方法。到了 2008 年，在 RMF2000 基础上，又修订了一版新的研究框架，就是这个 TSA。那么也就说我们国内的，包括国际的，很多的在做 TSA 的时候，都是基于这个框架做的，这是一个基本的背景。从 20 世纪 90 年代，已经有很多国家，大概 60 多个国家已经建立了这个账户，我们国内也有很多的省市在做 TSA。通过分析，我们会发现它的理论是源于西方的，但是它有共通性，无论是西方的还是国内的，旅游都存在被解构的状态。怎么样能够科学度量？使用可持续旅游卫星账户（STSA）。我刚刚已经对可持续做了解读，一方面是从理论上可持续，涉及三个维度。它不仅仅是经济的，还应该涉及环境和社会这三个维度的一个框架。

另外一个可持续，就是不要成为一次性。不要花了那么多钱，花了那么大的精力做完以后放在那儿，以后没有办法再去很好地去推行它，去使用它。STSA (sustainable TSA)，显性跟隐性强调的是显性的体现在经济方面，隐性的体现在社会方面。

隐性影响界定到两个方面，一个是社会影响，就是你内心是不是幸福，个体的获得感如何。获得感可能不单单是收益，更多的是精神和心理，所以这些东西也不是显性的。另一个是环境影响，在短期内它一定是隐性的。比方说我们今天看到的天空，跟你过了一个月之后看到的天空，或者是土壤，或者是生物多样性，不会在短期内发现明显变化，但也可能是因为某种行为它已经在变化了，只不过它没有在你观测的尺度内。我们说这种隐性的关系，用系统思考的法则来看待，会发现里面的因和果之间并不是紧密相连的。有些因到果是立竿见影的，是很具有显示度的。比方说你饿了，你一吃食物就不饥饿了，或者你先别吃，给你点葡萄糖或者喝点水，也会缓解，这个都是立竿见影的。但是还有一个结果是可能要积淀很久才能看见的结果。那么这个时候，在相对的一个时间点内，这种环境的影响，它就变成了一个隐性的影响。当然我们说的这个影响，我们为了表述便利就用了影响一词，其实它里面涵盖了贡献。

后疫情时代旅游业自我救赎之路

王德刚[①]

旅游是一个创造美好的行业,但对旅游企业而言,员工、管理人员会感到那么美好吗?很辛苦,他们是用自己的辛苦给别人带来了美好。学术研究实际上有两条腿,或者是有两条路,一条是学术,一条是应用。这两条路有的时候能够交织,但在大部分的情况下交织不起来。很多学术研究有些成果可能永远也不会应用到产业发展领域。比如说《旅游学刊》,还有上海的《旅游科学》,这两本杂志是旅游学界评价非常高的期刊。谁在那上面发一篇文章都要拿给很多人看。但是旅游管理部门,比如说从文旅部到底下的县文旅局,到旅游企业,有多少订阅的?我认为几乎没有。我问过很多人,为什么没有?也是两句话,一个是里面的研究成果很多没有用,还有很多成果有用,但是他们看不懂。真的是这样,但是你说他们的文化水平低吗?也不是。很多旅游企业管理人员,大部分也是本科毕业、硕士毕业,甚至有博士学位的也很多。所以这怎么办?需要有像我这样的一个中间人,就像科技企业重视这个过程一样,我每天要看《旅游学刊》,要看《旅游科学》,把研究成果好好地浏览一遍,然后看哪些有用,告诉企业,告诉管理人员,有哪些成果可以转化。

一、简化专业术语推动乡村旅游发展

企业怎么能够让游客真正地有美好的体验,怎么让游客有美好的旅游经历?需要有一个像我这样的人。转化过程实际上还是需要有很多的业界经历的,比如说这么多年,老师们做了很多乡村旅游的规划,也写了很多研究乡村旅游、乡村治理的文章。但是村两委的书记、村委会主任看不懂,农民更看不懂。那怎么办?我认真研究了,把它总结成5句话告诉农民,他们一听就明白了。用农民能够听得懂语言

[①] 王德刚:山东大学教授、旅游产业研究院院长、管理学院学术委员会副主任,中国旅游协会副会长。

告诉他怎么干。哪五句话，叫一星的墙，二星的装，三星的厕，四星的菜，五星的床。农民一听就明白了，什么叫一星的墙。外装修，民宿，本土建筑不用做任何装饰。二星的装，内装修，简单的装修，特色从哪来？墙上挂什么，墙角上摆什么植物来塑造其文化特色。三星的厕所，一定要是水冲。四星的饭，要用规范的方法来提供优质的美食。然后五星的床，就是床非常非常重要，床上用品、床垫是决定你的民宿舒适度的最关键的要素。5 句话，农民听明白了。

还有我们搞了三次的三年的厕所革命，厕所检查 12 项指标，你告诉农民之后他们怎么也不明白。好吧，我告诉他两句话叫三不两没有，农民听明白了。哪三不？不湿、不臭、不脏。不湿，地下没水。不臭，没有异样味道。不脏，地下没有乱扔的垃圾。哪两个没有呢？没有乱堆乱放的杂物，没有乱飞乱爬的虫子。好了，农民一听明白了，这就是我的转化。还有民宿的特色从哪来？我告诉农民，民宿卖的就是老板娘，就是老板娘文化，根据这家女主人的特色来打造这一家民宿的特色。比如说我曾经指导了一个村庄，一个 60 岁的老太太能说会道，她家里面的产品是大碗茶。这个老太太说山东快书。所以你用农民能听懂的语言把我们的学术成果转化出来以后，告诉他们。我这几年一直致力于做这样的事情。

二、疫情影响下旅游业自救及行业转型

今天这个话题挺大的，但实际上我想谈的不单纯是疫情对于旅游业的影响，为什么说要自救？一个自我救赎之旅。旅游业当前正面临着一次历史性的灾难，而疫情又加剧了它的变化。一个方面的影响是整个社会经济的发展，实际上已经对旅游业产生了影响，特别是科技进步。再一个是旅游业自身发展的阶段性特征，本来已经过渡到了一个微利阶段了，我们整个旅游市场轰轰烈烈，这个大的趋势掩盖了行业背后企业的泪水，所以说旅游市场越来越大，游客要求越来越高，企业利润越来越低，项目成功越来越难。在这样一个大的形势下，整个的行业正在发生一次蜕变。

看一下细分行业，传统的旅行社实际上已经走向衰落了。1919 年托马斯·库克创建的旅行社一直是全球最大的旅行社之一，2019 年宣布倒闭了。它的倒闭意味着整个传统旅行社行业，像多米诺骨牌的第一张一样已经开始倒了。然后看住宿业，住宿业产品多元化时代，特别是整个的投资已经开始由重资产行业向轻资产行业转变。再看景区和目的地转型，游客旅游的场景已经开始由景区向社区转变，同时伴随着整个市场的裂变。

三、推动旅游业转型的影响因素

1. 技术因素

到底哪些因素在影响这种变化？首先是技术因素，科技在改变生活，改变着生产和生活的过程，特别是对旅游业的影响。前两天国家发改委的几个部门颁布了有关 OTA 管理的一个文件，对线上平台监管的新条例。实际上在三年前国家发改委召开的一次行业座谈会上，我就提出来了，当时我举的是携程的案例。什么案例？我说携程要求加盟的酒店加盟费是房价的 10% 到 28%。这等于酒店都在给携程打工。酒店业看起来红火，但实际上在给携程打工。当时我就问发改委，加盟费有没有一个上限？这是我三年前给发改委提出来的，是国家发改委。结果今年上半年大家知道一些新的监管的规定已经出来了，要对他们有所限制。

2. 经济因素及文化因素

在经济因素上，整个的消费能力在提升。在文化因素方面，消费品位在提高。还有社会因素，消费理念在转变。这些实际上是跟疫情没有关系的，仅仅是疫情加速了它们的变化。当这种综合性的影响对旅游业同时发力之后，旅游业面临着一个怎样的自我革命的历程？首先是科技赋能来开启整个旅游行业的范式革命。范式革命主要的还是给我们提供了便捷，比如说高铁、高速公路等等，让旅游条件更加优越。这一次的技术革命（第四次技术革命）带来整个行业的从产品创新到模式创新，到路径创新，已经深入到行业从理念到技术的一个全过程的演变。而对于这些具体的细分领域来说，旅居行业由网络化到平台化，住宿行业由重资产到轻资产，旅游大项目的开发模式由"资源+资本"到"资本+平台"。比如，为什么说住宿行业由重资产到轻资产？途家是最典型的分享经济模式，它把城市的那些闲置的住宅通过它的平台来整合，把它变成城市的酒店。途家在山东省掌握了 4 万套住宅的资源，什么概念？就是他一分钱没花，等于借了 200 座平均有 200 间客房的酒店。本来酒店是重资产行业，但现在它只是出一个布草的标准，把酒店行业变成了轻资产行业，这就是技术，特别是信息技术给我们带来的影响。

四、信息技术推动旅游行业的转型

这些年的热词，忽然变了，比如智慧化、智能化替代了信息化。信息化为什么不说了呢？是被新的概念替代了？最近我又听到一个词，我还不太理解，叫数字孪生。有人说在未来的 3～5 年，它会成为另外一个新的热词，说明我们的信息技术的确是一日千里，变化得非常快。这些变化对整个行业的影响从大到小，首先是旅游目的地，在这样一种大的环境下开始向健康转型。对目的地的影响，首先是宏观趋势和疫情的叠加效应，使整个行业发生了重大的变化。几个层次，目的地、旅游综合体、旅游景区、民宿和酒店，包括定制化。

1. 景区转型

首先看一下目的地向健康转型。2000 年的时候，有经济学家已经预测 21 世纪将是健康消费的世纪，但是在我们心目当中那个变化是比较缓慢的。这次疫情真正地唤醒了我们的生命意识，强化了我们健康消费的理念，加速了进程。有相当一部分的旅游目的地可能会向健康目的地向来转型。

目前国内非常著名的几个健康小镇，我做了一个梳理。它们形成了几个规划要点：一个是"3+x"的功能体系。3 是什么？养生、养老、度假。x 是什么呢？是其他辅助功能，根据度假区的主要功能来配置。所有的这种健康小镇或者类似的旅游综合体，一定是这三个主导性功能。旅游景区嵌入健康元素。很多旅游景区，特别是森林、山地、乡村这样的景区都具备这样的潜质。如何真正地把一个景区打造成健康型的景区或者健康主题的旅游景区，不是单纯地修一条休闲道路，不是简单地加一个按摩、保健或者是中医项目，就能够形成一个真正意义上的健康景区。那该怎么做？在景区里面，要根据这个景区的地理环境来配置东西。举一个非常典型的养生酒店案例。养生酒店绝对不是说去做一套操，去吃一顿饭就能是养生的，一定是学到一套有益于身体健康的生活方式。这个酒店在廊坊，是国有企业新奥集团打造的，的的确确是把健康的生活方式交给游客。你在那里住 3～5 天，它的 7 项修炼你都能够学会，7 项修炼是 7 门课程。客房里边摆设的所有的东西，也能作为商品销售。我对它这个模式做了一个总结：经营理念传授健康的生活方式与商业模式，文化概念化，概念商品化，产品系统化，消费体验化，健康生活化，这样一个基本的逻辑关系。

2. 定制化倾向

文旅部开放了跨省游以后，很多旅行社仍然开不了工，为什么？它把去年的产品重新摆到柜台上卖，肯定卖不出去。当前游客需要的是专业化的、小团队的、私密性的、有健康保障的定制的产品。由中小学生研学旅行进一步衍生的成年人的研学旅行，这是未来非常大的一个市场。举一个例了，台湾青葱农场，小葱能有多大的景观价值？但是在这个地方竟然变成了一个面向成年人研学的农业旅游项目。你去了以后，农场会告诉你小葱的成长过程，小葱有什么营养，小葱怎么做得好吃，农场的葱油饼已经外卖了。

3. 服务标准化

服务升级已经有了标准化的。比如说智慧景区，智慧景区将要从门票的分时段预约到整个景区的全覆盖。比如说停车场、餐馆、商店，所有的这一切要全部具有分时段预约的功能。现在所有的景区几乎都能够预订，但是不能够分时段预订。为什么会这样？因为原来的设计缺少这一项，还有餐饮管理，分餐制、公勺、公筷、半份餐。好多农家乐里边，过去现宰活羊，现杀鸡，将来这些将成为历史，因为现在国家新的卫生检疫规定，要求所有的家禽家畜上餐桌之前必须通过检疫。除了你自用的，比如说自己家吃的，其他的必须经过检疫才能够端上餐桌。所以现宰的不行了，将来对农家乐的经营就是一个非常大的挑战。

中国游客自然旅游中的审美体验

徐红罡[①]

这一次的论坛主题是"旅游·美好生活","美"是很重要的。什么是美好的生活?大家怎么样感受到这个美?正好我们原来做了一点关于美的体验,今天我就此主题和大家分享。

一、旅游体验的主观性与中国游客审美偏好

旅游来自游客的体验,还有主观的感受,才使得旅游和其他的行业有别。也就是说我们在研究旅游的时候,它有一个特别大的不确定性,或者说是一个难点,或者说对其他的学科有所贡献,就在于它主体的特点,有的时候是很难捉摸主体性的这个特征的。我们为什么研究这个话题?其实也是来自对中国一些现象的观察。大家到了自然中间可能觉得非常习以为常的事情,但是如果去做一个学术的研究的话,那么你会发现很不相同。比如说所有的景区的讲解牌,各个景区花了很多的钱。但是游客去了,并不是特别关心这些牌子。那么他们真正感兴趣的是什么?比如说他看到一个猪八戒,他觉得非常得高兴。走到松树的下面,游客更感兴趣的是这棵树有连理枝,游客可以在连理枝的下面照相。也就是说他对自然的一种很愉悦的心情,是来自他对这样的一些事情的一种感受。又如海南岛的生态旅游。游客到了那以后,游客真正觉得很高兴的是当他们坐在石头上面,有猴子爬到他们的身上,他们就觉得很开心,很愉悦;他们看到猴子嬉戏,也满怀喜悦,也就是说可以获得一种很放松的体验。

[①] 徐红罡:中山大学旅游学院院长、教授、博士研究生导师,国际地理联合会旅游地理专业委员会副主任、中国旅游地理专业委员会副主任。

二、旅游体验中的审美感知与艺术审美差异

审美很复杂，很重要，所以在经典的关于体验的研究里面，有四 E 模型，有教育体验，有逃避体验，有娱乐体验，有审美体验，其中非常重要的是审美，这个地方肯定会有一个审美的情绪。看一下现在对于审美的研究，其实都是在研究体验里面占很小的一个部分。审美到底是什么？是一个很难的课题。但是美的确是最为重要的。如果说旅游追求的最佳状态是真善美，这中间的美应该是起到了三分之一的作用，但是对于美的认知的确是非常困难的一件事情。在旅游中间游客是怎样感受到美的？是旅游中间的一个难题。其实美就是一个联系主观和客观的过程。关于美的研究是艺术领域里面一个传统的研究。所有的理论是说美是认为有一个对象，如看了一个雕塑，它的颜色、体量、形式等等，这个就是美的。其实我们如果没有艺术的知识，我们看到这些也许也判断不出来。同样的，景观设计也会有各种美的原则。总体来说，对于美的认识，基本上都是一种艺术的状态，尤其人们的一个设计或者是一个改造，然后根据一定的积累，进行教育。

对于艺术的审美，迪肯指出，如果艺术就是审美的话，它是一种特别艺术化的审美，其实它是一个体制化的，在于要有一套场域的系统，要有机构，要有活动，然后解读，最后大家才一致地公认这个是一个美的东西。所以在艺术审美的过程中，虽然有外部的观赏者，还有观看的对象，但实际上我们是被限定在一定的框架中间，这个框架就告诉你如何审美，感知到这个美。就像朱光潜先生所指出的，美是客观与主观的统一。大家也就意识到其实美就是一个对象和主观的连接，它是一个关系型的，它并不是对象的本身。那么怎么样建立这个关系，就是我们很重要的如何有美的体验。在艺术中间就是靠艺术评论家进行描述，然后我们才能够接受。对于一般的人来说，不敢轻易地说这个艺术品是不是美的，因为我们怕不知道背后的语境。但自然里面就遇到了一些新的情况，这个情况就是它和艺术的美是不同的。我们整个身体进入场景中间，这种情绪还有这种体验是身体的其他的感受，可以引起情绪的反应。我们看到的是一个没有框架的自然，我们怎么样来找一个美的参照系，让我们说这个是美的，或者不是很美。这个就非常的有意思，它比艺术的审美要难得多，而且多样性是非常高的。

三、自然审美体验的来源与模式

在自然审美中间，普通人是用什么来代替艺术的语境让我们能够说，这个是美的，然后我们感受到这个审美呢？首先，知识是来源于艺术的，所以最开始的时候

它是一个对象化的，也就是说自然本身具有美。只要这个专家把它评定出来，我们就能够感受到美。但实际上不是的。我们到自然中间，自己有的时候会感受到美，所以有人就提出来沉浸的模型，说我们怎么样感受到美，是当我们和自然合为一体，没有主客二分法的时候，就感受到这个美。其实在这样的一个过程中间，我们人的主体性始终还是存在的。然后我们还是觉得不对，因为虽然在自然中间，并不能够完全泯灭主体性。简而言之，自然是本质，我们对它的审美来自它的知识，其实这个完全是一个科学化的。

很多人认为我们通过认识它，自然就有了一种审美的体验，其实这个和现在的各个自然保护区有很多很多的标识牌是有很大的关系。但实际上人的体验不光是一个理性的认知，而是一种情感，它的难处就在于它是感性和认知的结合。所以自然的模型是比较一般的解释。还有唤醒的模型，是说一个人感知在自然中间，能唤醒情绪。有点像沉浸模型，但人还是作为一种主体会被唤醒，然后有各种情感。那么最后还有一种多样性的审美，其实它是一种关联，就是对象和个人的关联，所以它可能会被唤醒，但是也需要有一些认知的过程。

四、文化在自然审美中的作用

文化会起到很大的作用，的确是经过了人们文化的体验，可能人们才能够更好地感知审美，所以在自然中间的审美体验，它可能就是两种情况，一个是认知的过程，同时发自内心的会被唤起一种情感。但是在中国的语境里面，我们感觉到的一个很重要的点，就是审美的想象，到达自然里面是没有一个框架的，一个没有参照系对象的时候，通过什么来唤醒美，感受到美？其实是通过了一种想象，故事的想象，科学的想象，以及文化的想象，最后能够达到一种审美的想象。中国和西方有一个非常大的不同，因为我们特别强调一些民间故事以及商业文化，就使得我们非常自然地，用这些文化要素来引导审美。审美连接了一种感性和认知，同时它也是在一个情境中间，是一个多器官的刺激的反应，机制其实是很复杂的。

总体来说，在中国的语境下面，文化能够使自己和自然联系起来，虽然审美是一种情绪的反应，但实际上也是通过文化进行了关联以后，才使得我们具备了对对象的审美，而这种审美是受到文化的影响的。

国家旅游形象、心理距离与文化认同

沈涵[①]

一、中国国家形象认同与国际旅游发展

主要是三个方面。首先是研究背景。在国际化的竞争当中，国家形象、国家文化形象、旅游形象等等的竞争，凸显出非常重要的价值。具体来讲，在旅游行业中，国际旅游决策者的选择，候选国家的形象，会起到非常重要的作用。我们对于国家形象进行了各个维度的区分。其中，文化与旅游是国家形象构建当中最为重要的两个部分。在前期的一些研究中，我们做了一些心理方面的测试。发现了一个非常重要的变量，就是心理距离。

2020年9月发布的《中国国家形象全球调查报告2019》有几个发现，一方面是对中国的整体形象的好感度在持续上升。发展中国家的整体印象要高于发达国家的，分值分别是7.2和5.3。另外就是在年龄结构上，海外的年轻受访者对于中国的整体印象评价更加积极。18到35周岁的受访者打分比较高。对于中国的形象的认知，基于中国的文化和历史，认同这样一个形象的有超过56%的人。对于国民形象，71%的人认为是勤劳敬业，51%的人认为是集体主义以及热情友善等等。关于中国文化的一个研究，中餐、中医药和武术这三项，对于海外受访者的印象最深，他们认为这些要素最能够代表中国文化。对于海外受访者来华的主要原因，是游览人文景观、体验当地生活和欣赏自然风光这三个要素。人文历史是在整个旅游的动机当中起到了非常重要的作用。关于入境旅游，根据中国旅游研究院的统计，入境旅游的市场在2019年之前一直保持增速放缓的稳步增长的状态。其中洲际的市场保持稳定，入境的过夜的人数比例在优化，对于中国的整体好感度有持续的上升。在这个过程当中，大量的中小企业以一种非常创新的产品供给的姿态进入，越来越多的文旅产品提供给入境旅游者，因此呈现出入境旅游市场的非常有创新力的，非

---

① 沈涵：复旦大学旅游学系教授、博士研究生导师，国际旅游学会常务副秘书长。

常有活力的发展状态。

二、入境旅游创新与国家形象提升策略

入境旅游存在一些问题。一方面国际游客入境旅游人次同比增速放缓，落后于全球平均水平。与出境旅游对比，发现二者增速是极不匹配的，会造成较大的贸易逆差。根据国家形象的调查，发现发达国家民众对于中国的旅游形象，无论是从认知角度还是从情感角度，其水平线都是比较低的。如何提升海外，尤其是海外发达国家的民众对于中国形象的好感度，入境旅游作为一种非常有效的交流方式，能够很好地提升中国的国家形象。从入境旅游的发展来看，它一直以来都是代表中国旅游产业非常高水准的一个板块。

出境旅游、国内旅游，有一个共同的趋势，就是文化旅游正在深度融合。这种深度融合体现在游客注重创新，注重情绪的体验。另外文化遗产旅游正在逐步地崛起，游客的文化认同感增强了。这与弘扬中国优秀传统文化的时代背景是非常吻合的。所以在入境旅游以及国内旅游中的企业创新、产品创新，对于文化的活化、文化认同感的提升，是非常重要的命题。表现在具体的产品形式上，主要是"文化＋旅游＋教育"，文化遗产研学旅游这样的产品，将成为文化旅游深度融合的一个非常重要的载体。

三、国家形象的多维度分析及其与文化因素的互动

国家形象，可以分为几个方面来理解。①整体形象，包括政治、经济、文化、历史、科技等等。②产品国家形象，是对于特定国家制造的产品质量的一种看法。另外还有原产地的一个效应，就是说国家制造的产品影响国家，并且成为国家的品牌。③在国家形象的研究当中，我们发现文化因素，在各个层次上都对国家形象起到了非常重要的作用。一个国家的文化总体，可以总结为一种价值和理念层面，然后是文化传统层面、文化行为层面以及它的文化成果层面。基于这个理论基础，我们对国家的文化形象进行如上维度的总结。那么价值观、意识形态、科技实力、教育水平、文化遗产和风俗习惯，共同构筑出了一个国家的文化形象的认知和一种感受。在学术界，国家文化形象更多地是用国家软实力这个概念来对应的。另一个是国家旅游形象。它的内涵来自国际市场领域当中的国家形象和旅游领域当中的目的地形象的对应。宏观层面上它是包括了国家形象当中的一系列，比如说政治、居民的友好度等等。微观特指目的地，旅游的接待设施、旅游的活动，以及与旅游者相

关的核心产品，共同构筑出来的形象。

四、国家形象与文化认同在旅游中的互动

国家形象是怎么与文化认同发生联系的？好的国家形象能够使游客对目的地抱持良好的态度，从而更容易激发游客去欣赏和认可这个国家的文化。游客对文化的感知形象影响他们对目的地的态度。文化形象对于个人的认同，在全球化的背景下，更加容易去接受，了解到相应的信息，使得国家的文化与个人的文化能够发生联系，然后促进这样的一种认同的过程。我们对于国家旅游形象的测量，可以用一些目的地形象的测量工具，也可以为这个国家旅游形象构筑出认知形象的测量维度，并且通过结构化方法进行三维度的测试。文化认同包括了对集体主义价值观的认同，也在认知、情感、行为上面体现出一种趋同，就是怎么样去认识、去接受、去实施这样的文化的。它分为这三个层次，一是承认，二是接受，三是融入，在行为上彻底融入到文化认同的过程当中。

旅游当中的文化认同有两种方式，一个是追求身份的认同，身份的认同其实是有一个舒适区的，体现在它还是希望能够保有对于本国文化的一种熟悉度。这也解释了一些国际品牌进入到一个新的领域当中，往往更加能够吸引到本国的旅游者。因为游客在一个陌生的环境当中，需要有一定的熟悉度的包裹。另外它也体现在自身文化约束的逃离，从而去尝试不同的价值观。可以发现在旅游当中，一个文化认同的主体，其实是与游客构建或者复制的形象互相迎合的，从而构筑出旅游客体的形象。旅游中的文化认同既来自目的地的形象，又对旅游决策产生重要作用。

五、文化认同对旅游动机的影响及其与心理距离的关系

文化认同的后续价值，主要体现在对旅游意愿的影响。这种意愿既包括出游前的准备阶段，也包括旅游中的溢价的支付意愿，以及旅游后的重游，都会产生非常深刻的影响。另外是心理距离。在心理学当中对于心理距离的研究，主要是从时间距离、空间距离、社交距离和概率距离这四个方面去判断行为人的心理空间，与客体或者事物之间的主观的距离的判断。在此维度下面，可以发现对于事物的理解，对于文化的理解，与是否在时间上，在空间上与心理接近，在社交距离和概率距离上是否发生连接是非常紧密相关的。相应的关于心理距离的理论基础，可以用解释水平理论和 ABC 态度理论进行解构。另外认同理论和 SOR 理论也可以用来帮助进

行相应的理解。

在理论构筑的基础上,对于国家形象、文化认同、心理距离这几个变量所共同构筑的理论的体系当中,如何去应用这个理论,是有场景的。如遗产旅游与构建国家认同之间的关系,即如何去对文化遗产进行解构,如何对这些历史符号来进行呈现,从而去帮助青少年构筑出对于国家的认识,对于文化的认识。再如游客的文化认同与旅游的关系,包括了旅游者与相应的遗产地在旅游发展当中的互动过程,对于文化的理解,其实又重新塑造了客体形象。在这个过程当中发生了旅游的客体的重构。

此外,游客的情绪与文化认同的构建,包括了情绪唤起与个体的认知态度,对于历史的认同,对于政党的认同,对于国家的认同,对于生活态度的认同等,在研学教育当中,爱国主义的旅游产品的设计当中,对如何去进行游客的情绪的唤醒,提出了新的要求。文化认同是积极情绪与旅游体验的整合,为文化旅游的产品创新和进一步的融合发展提供了理论基础,包括了游前游后积极情绪的变化、积极情绪的产生机制等。积极情绪后果的效应,尤其是把文化认同放入到游客体验与游客情绪的研究当中,可以拓展该领域研究的深度。

总体来讲,理论构筑出的文化国家形象、文化认同与心理距离的测量,可以应用在四种不同的场景当中。一是关于文化遗产、文化认同、国家形象与旅游意向的关系,主要在研学旅游、文化遗产旅游的积极情绪的拓展。二是关于文化认同、游客情绪与体验,以及相关后续的行为意愿的关系的研究,把心理距离,把文化认同,把形象构建放进之后,可以做跨文化的研究。可以解释不同的文化背景的人,在文化的认知过程当中,所体现出的行为特征、情绪特征,对于体验的相应要求。第三个场景,在文化遗产心理距离与旅游行为的关系方面进行的拓展。主要是体现在对于心理距离的把握上。即如何在传播学上呈现,拉近游客与旅游客体之间的联系,如何缩短空间上的感知,社会距离上的感知,从而更好地提升对于文化遗产的感受;如何把文化遗产当中的元素,以外国人能够理解、欣赏的方式呈现出来。所以把心理距离作为重要变量,来进行相应的产品要素分析。另外还有心理距离与国家形象与入境旅游意愿之间的关系,这在做国家形象的整体营销、整体宣传中是可以考虑的。从传播学上怎样来构建,从心理距离上面进行调节、缩短,改进主要客源市场对于中国整体的国家形象、文化形象、旅游形象的认可。

美好生活从"迌迌"开始

林璧属[①]

"迌迌"两个字是闽南话,叫 tie tuo。福州话"玩"叫咔遛(ka liu),就是遛弯;永定客家话的遛(liu)还是遛弯(liu wan)。闽南话迌迌(tie tuo),就是从白天玩到晚上,从晚上玩到白天。所以我的主题就是迌迌。抖音(TikTok)是龙岩话跌妥(die tuo),也是玩。既然都是玩,那么我希望旅游成为高级形态的迌迌,我的报告主题就从这里开始。

一、旅游中环境感知及对象化活动

旅游是现实的旅游者的环境感知和对象化活动。旅游研究的是现实的旅游者。现实的旅游者不是想象中虚拟的、抽象的旅游者。这些个人是处于旅游过程中的,是在一定的前提和条件下可以能动地表现自己的旅游者。

什么是环境感知?是在旅游过程中,旅游者和环境之间双向的互动。审美的过程,就是能在玩的过程中双向地沟通和交流,触景生情。在游前、游中和游后三个阶段中,游前的环境感知是没有价值的,所以虚拟旅游是没有价值的,但是它可以把人吸引去,也就是旅游当中很重要的先知后游原理,大家都知道了才去玩。旅游中,各要素都需要融入其中,其中最重要的是环境。旅游者在旅游目的地的环境感知,实际上还受到主客观因素的双重影响。主观因素受制于旅游者的年龄、性别、收入、文化背景。同一个人,在人生的不同阶段,会有不同的环境感知。旅游对象化的活动实际就是旅游过程中的迌迌,就是玩。旅游是人们出于某种需求,而离开常住地所进行的一种暂时的旅行、游憩、休闲度假或文化交流等活动,环境感知和旅游对象化活动是其主要表征,出于愉悦为目的的体验式旅游是其高级表现形态。

---

① 林璧属:厦门大学管理学院旅游与酒店管理系教授、博士研究生导师,全国 MTA 教指委委员。

迟迟就是个高级形态。

二、主观与客观幸福理论及其问题

有关幸福的理论可以分两类，一个是主观的幸福理论，另外一个是客观的幸福理论。主观的幸福理论侧重个人的主观感受，像感觉、欲望、满意、刺激、开心，比较重要的理论包括享乐主义、欲望实现理论、主体依赖。客观的幸福理论侧重于理性、知识、技能、关系、自主和成就感，主要有完美主义、客观要素理论、实现主义。主观的幸福理论，比如说享乐主义，享乐主义认为只要感觉到舒服、喜悦，没有痛苦，就是幸福的。可是有人批评他了，如果一个人把他关在笼子里面，天天用电刺激他，他也很快乐，但他会觉得幸福吗？肯定不幸福。如果是欲望实现理论，只要幸福，那万一他不择手段呢。人类之所以能够成为人类，就是因为有可以控制他不择手段的约束体系，不然法律体系、社会规范、道德伦理做什么用？主体依赖理论强调的都是侧重个人的主观评价，但是个人的主观评价对学术研究的问题是会出现公说公有理，婆说婆有理，没办法准确地表述。客观的幸福理论强调完美主义、客观要素、实现主义。但是这三个都有一个共同特征，都偏向了精英，大众达不到。研究幸福要面向的是所有人的幸福，而不是一个两个人的幸福。

三、旅游幸福研究及获得感内涵

旅游学术关于幸福的研究主要涉及享乐的幸福和实现主义的幸福两类。研究结论是旅游畅爽的幸福感觉只能维持一个月，一个月以后他就忘了上次的畅爽了。旅游现在强调的几个问题，第一个先知后游。第二个去哪里游不重要，和谁一起去旅游更重要。第三个，为什么有人来，是因为有人来。为什么没人来，是因为没人来。第四个，旅游的逻辑，旅游对幸福的促进作用是暂时的，这才能源源不断地刺激人们不断地再旅游，这是旅游业得以永续发展的逻辑根基。旅游既然是要美好生活，那就要有获得感。获得感除了旅游者的获得感之外，还有经营者和当地居民的获得感。经营者和当地居民的获得感在哪？

马克思主义哲学对于人的获得感的方式的探究，主要集中在对人的全面发展的相关理论当中，他强调人是处于社会关系之中的，是现实的人，在社会生产过程之中，人们互相进行分工和交换，彼此需要产生源源不断的联系。个体在彼此之间的需要和被需要中彰显自己的存在价值，实现自身的全面发展，寻求获得感。获得感在哪？获得感在人与人之间的比较中。旅游科学中的获得感，除了现实旅游者的畅爽和获得感外，还要考虑经营者的获得感和当地居民的获得感。经营者的获得感包括三个维度，物质获得感、情感获得感、精神获得感。经营者目前强调最多的是物质获得感，能够活下去。

情感和精神。当地居民的获得感，要有经济的获得感、社会文化的获得感，还有环境的获得感。人之所以为人，就一定要有获得感，更重要的获得感不在于物质，而在于精神。那么除此之外还要有尊严感、安全感、幸福感和道德责任感，也就是马克思所说的人的全面发展才可以。

我今天的报告，观点实际很简单：美好生活，第一个是景，大部分旅游者都是环境感知，旅游对象化，感觉景很好，他就待得住。第二个是玩，体验一定要有意识地、主动地才能达到。

旅游业高质量发展的科学内涵

张凌云[①]

非常高兴再次来到厦大参加"旅游三十人论坛"。今天我想跟大家分享的是我最近在一直思考的关于旅游高质量发展的一些问题。我在思考到底什么是高质量发展,或者说高质量发展的科学内涵是什么?旅游的高质量发展应该从哪几个方面来考虑?高质量发展跟创优、全域旅游到底是什么样的关系?

一、旅游高质量发展多方面要素

高质量发展可能还不仅仅是指某一个方面。旅游高质量发展更加全面,全域旅游已经提到全要素、全时空等等几个"全",但我觉得高质量发展可能还不只是这几个方面。跟旅游相关的那些相关利益方是要素之一,比如说第一个是旅游企业。中国旅游业发展到今天,真正有竞争力、有核心竞争力的、竞争实力强的旅游企业不多。旅游行业规模很大,但是旅游企业做得并不强,所以旅游企业肯定是高质量发展中的一个指标。

第二个是旅游市场。旅游市场是指需求侧,包括市场的结构、市场的购买力、市场的消费能力、市场的成熟度。我们有时候也觉得中国的消费者不太成熟,旅游不太讲文明,这跟市场成熟度有关。有好的需求也要有好的供给,反过来好的供给也应该针对好的需求。供给跟需求,两个层面都应该全面提升。

第三个是旅游行业,包括产业链上面的上下游的整体的高质量发展。

第四个是空间,像现在提的全域旅游一样。旅游目的地的高质量发展,是全域旅游的升级版。

第五个是旅游者。旅游者满意不满意,以前用旅游者的投诉来监测,后来又用旅游者的满意度来衡量,但满意度不太好调查,投诉数据比较容易获得。还有一方

[①] 张凌云:北京第二外国语学院教授、博士研究生导师,《旅游学刊》执行主编,北京联合大学特聘教授。

面是旅游者本人的素质,也是要提高的。有好的高端产品,但是没有成熟旅游者,包括生态旅游专项产品,在国际上生态旅游各个相关利益方都应该遵守生态伦理。但是旅游者到了生态旅游景区,就不服从生态伦理,去吃野味,去破坏生态环境。这是高质量发展中面临的一个瓶颈因素。

二、中心发展原则四要点

中心发展原则大概有三个:第一,可持续发展原则。第二,均衡性发展。党的十九大报告里面也讲了,社会发展尚不充分、不均衡或者不平衡。那么怎样来满足均衡性发展?这个均衡是全面的,既有空间上的均衡,又有产业上的、产品上的、市场上的结构性均衡,包括产业结构、空间结构、产品结构等等。第三,稳健性发展原则。过去是追赶型,都是以速度、以规模、以数量,以这样的指标作为优先标尺。那么在未来的五年,就是"十四五"期间可能更多地要考虑,首先要活下来,从企业来讲,首先要活下来,从产业发展来讲,要避免大起大落。

三、新常态下旅游高质量与可持续发展

在新常态下,首先是稳健发展,还要有产业的安全意识。如果从这个原则来讲,高质量发展不应该提出只是增长性的指标,而没有稳健性的指标。在信息技术飞速发展的今天,旅游怎么样融合,也应该成为高质量发展的指标。未来的发展一定是信息技术深度融合。所谓可持续,是全面的可持续。过去讲可持续,首先想到的是环境,可持续发展就等于环保,等于绿色,等于低碳,等于节能。其实可持续不仅仅是环境上的可持续,首先是经济上的可持续,稳定性的原则,要稳增长、稳就业、稳投资。不是说不去利用,这种改变是在可以接受的界限内。不能一讲保护就一点都不能动,而是应在可控的范围内,这个也是环境可持续的概念,包括生态安全。社会可持续指发展旅游业对于当地旅游或者当地的社区的传统文化的传承,对外来不良的文明的自觉抵制,对当地社会的稳定,对于不发达地区,社会可持续还包括扶贫功能。所以全面可持续,在经济、环境、社会这三个方面都要达到可持续。如果画三个圈,三个圈的重叠部分才是旅游的可持续发展。

四、市场秩序需信息透明诚信

市场秩序要讲信息公开透明、诚实守信、契约精神,这非常重要。一部手机

游云南，看起来用信息技术解决了这个信息不对称、不透明的问题，其实远远没解决。结果那部手机没有用其他功能，投诉功能这个用了特别好；后面的制度又没有配套，有的功能形同虚设。高质量发展的市场秩序应该达到信息公开透明，诚实守信。这个不光是企业，消费者也是。

五、旅游均衡的利益平衡与评价原则

结构合理就是空间均衡，东部跟中部、西部目前差异很大。现在提出门票不能涨价，但西部地区就靠这些资源了，要求降低门票甚至免票，一刀切的做法不合适。来的主要是东部地区游客。要求免费的需要地方财政拿钱去补贴，这等于是一项转移支付——西部地区给东部地区转移福利。造成贫困以后，再通过政府财政的转移支付来补。所谓的均衡，并不是简单的一刀切，应该是利益的平衡原则。

产品也需要均衡。产品的结构，是个金字塔结构，再发达的国家它也有大众化旅游产品。对于一些不发达地区，也有针对西方游客的很高端的产品。这是结构合理配置的问题，也是均衡问题。这里面提两个评价原则，一个是帕累托最优，空间的增量、产业的增量的改进不影响相关利益方的利益，这样的改进就是帕累托最优。如果做不到这个，还有一个最优——卡尔多希克斯最优，比如增加了十个亿，牺牲了相关利益方两个亿、三个亿的收益的话，应该对这两三个亿首先进行补偿。项目利益不足十个亿，只有七到八个亿。在七到八个亿利润的基础上，再适度地进行分配，这就符合卡尔多希克斯最优。实际上帕累托最优是很难达到的。对于一些少数民族地区，乡村旅游，搞当地原住居民的拆迁，就是这个问题。拿了这块地、这个房子的产出是远远高于迁走的成本的。跟他讲拆迁的时候讲的是现在的价钱。经营的时候，把周边的那些公共产品、具有公益性的产品，利用了外部效应后把好处自己占了，应该通过开发把这些利润共享给相关利益方。

六、价值共创下旅游服务考量

价值是共创的。以后高质量发展不只盯着经济、收入、增长、GDP，更多还要考虑到除了效率以外，效益以外，还要考虑到公平性的原则。旅游目的地更多的是指旅游公共服务。旅游公共服务首先要易进入，很方便地进入，可接近。像楼盖得很好，音乐厅，我走过来看到好多台阶，我就有点望而却步。以后老龄化社会来临，老年人口占到 10% 以上的话，对这部分年龄的关切，在公共场所、公共场合会面临很多这样的问题。一个是无障碍，现在无障碍只针对残疾人，国家现在有将近

9000万的残疾人。其次,要有温度,就是要有人性化,要有亲近感。好多公共环境、公共尺度、公共空间设计得很大,但是就是没有人情味。包括一些机场的候机楼,去了以后就好像在候机楼里面,它不是最优的路线,像北京大兴机场,去办值机是一层楼,办完值机以后安检上一层楼,安检完了以后登机又上一层楼。强迫乘客去参观设计有多好,全为展示自己的作品,并不是从功能上考虑怎么方便乘客。尤其在公共服务方面,在旅游目的地建设方面,这样的例子比比皆是。

七、信息技术促文旅融合发展

最后是融合发展,文旅部对文创产品包括动漫,还有非遗,是非常重视的。过去非遗更多的是讲传承保护,当然找不到手段了。传承人一个月收入那么少的话,他怎么传承?一定要把非遗跟旅游结合起来,让这个非遗的传承人的收入比当地与他同年龄或者他这个同圈子里的人收入要高得多。如果能成为一个很令人羡慕的职业,很有荣誉感的,人们会愿意主动去学,去传承。这才是用市场的方式来解决问题。还有"互联网+",应该高度重视信息技术对于旅游融合发展的作用。虽然只是工具,非遗也好,文旅融合也好,同样离不开信息技术介入。交通跟旅游的融合也离不开信息技术,所以这个信息技术是个全方位、全面的工具。尤其是在5G的环境下,5G改变的是社会,包括旅游业的发展,所以旅游业高质量发展,一定离不开信息技术的翅膀。

乡村旅游：共创主客美好生活

林德荣[①]

现在衡量一个阶层到底是不是高阶层，或者说到底是不是幸福生活好像已经发生了变化。以前是说你是否具备足够的财富，现在衡量一个阶层是高阶层与否的标准，是看你是否有足够的闲暇去度假。对于广大的具备小康生活的村民来说，他们美好生活的维度之一就是旅游。那么，我们追求的美好生活是什么？现在我们的生活幸福吗？美好吗？乡村旅游如何实现主客的美好生活？

一、幸福生活理解与旅游驱动力分析

美好生活是否可以理解为幸福生活？幸福是什么？有学者认为幸福是由一系列的舒适感、安全感、亲切感、亲密感、自豪感、新鲜感和新奇感所组成的人生最美好的感受。实际上就是把马斯洛的五个需求层次全部包括在里面，还加了一个新鲜感和新奇感。新鲜感和新奇感是推动这个社会，特别是推动旅游发展，推动旅游需求不断前进的内驱力。

从纵向角度来讲，不同时期美好生活有不同的内涵。在困难时期，能吃饱就是美好生活。从横向的来讲，不同主体对美好生活的理解和需求不一样。小康的时候吃有肉，住有楼；现在对于大学生来说，刚毕业能够有一套自己的房子，那就是非常幸福的事情。当然还有闲钱去旅游，那当然是小康生活了。但对于都市人，特别是有了房子，有了闲钱以后，他们的美好生活是什么，就不一样了，所以说这个理解当然就非常多。

[①] 林德荣：厦门大学管理学院旅游与酒店管理系教授、博士研究生导师。

二、城乡二元结构下乡村旅游发展

在旅游情境下,游客追求什么?他们到乡村里面去旅游,到外面旅游为了什么?当今的都市人,生活空间和生产空间高度的分离。为什么现在很多都市人非常追求乡村旅游?一个是回归传统,回归自然,回归本源。都市里面的生活的高节奏和都市里的拥挤,使人们对都市生活产生了极大的疏离感,到乡村里面就觉得比较美好。对于居民来说,还有一些地方比较贫穷,生活得不到满足,那么吃有肉,住有楼,这是他们对美好生活的诉求。为什么会出现这种情况?最主要的还是城乡二元结构的问题。

现代化的城市有城市病,乡村有滞后的病,物质满足较低。如果通过发展乡村旅游能够使乡村得到物质上的满足,就找到一个契合点。发展乡村旅游的特点是什么?它自身的条件区别于城市的乡土性是乡村发展旅游的有利条件。现在特别强调的乡村发展旅游一定强调它的古、始、真、土这几个方面东西。古是古朴,始当然是我们说的原始了,真是原真性的东西,土就是乡土气息。

三、乡村旅游要素及发展影响

乡村旅游卖的是生产、生态、生活。发展乡村旅游,生产劳作活动对都市人来说是一种旅游活动,所以卖的是生产。第二个卖的是生活,乡村的慢节奏的,非常原始的,非常安适的乡土生活。还有乡村生态,一个是没有污染,所有的蔬菜、水果和粮食基本上是有机的。所以乡村自然景观里面有优美的自然环境、清新的山间空气、健康的有机食品、特色乡村民居民宿。那么悠闲的生活方式、朴素的民风民俗、传统的乡土文化以及原始的生产形态,这一切都是吸引都市人的很重要的元素。

那么乡村通过发展旅游能得到什么?第一,对于游客来说,享乐型的体验,欣赏的乡村风景,体验乡村生活,放慢生活节奏。外出旅游,对于实践型的旅游者来说,他们追求自我。第二,从旅游的角度来看,旅游对于农村的居民来说,通过发展乡村旅游能够富裕起来。通过乡村旅游高质量发展能够使基础设施得到较大改善。发展乡村游的时候,政府有时候要补贴农村。因为跟外来的游客不断接触,农民的眼界得以拓宽。第三,就业机会增加了,就会促进乡村振兴总体目标的实现。乡村旅游跟乡村振兴总体目标可以是协同发展的。乡村振兴以后不一定会发展乡村旅游,但乡村旅游发展以后,会促进乡村振兴。

四、乡村旅游促进主客共享幸福生活

为什么说乡村旅游能够促进主客共创美好生活？对于乡村的居民来说，他们通过发展乡村旅游能够达到富裕，物质上得到满足，就是最后实现吃有肉，住有楼，还有闲钱去旅游的这种小康生活。对于都市居民来说，回归乡村乡土，实现自我。通过乡村旅游他能够追求到自己的美好生活，这些都是在乡村旅游发展基础之上的。

发展乡村旅游的目的是要达到百姓富、生态美和游客乐，所以乡村旅游是城市居民和乡村居民达到共同富裕和达到美好生活目标的一个很重要的途径。

掘金都市文博旅游

李忠[①]

全球的疫情以及伴生的经济衰退和政治动荡，将强烈改变全球旅游休闲的模式。在中国的各行各业里，受疫情的影响，增长非常迅速的是计算机和电子，以及生物医药行业。而受疫情打击最严重的是交通运输，比交通运输境况更差的是休闲服务，它的跌幅高达11.5%，尽管今年有所回升，但是同比依然是衰退的，所以很多的景区收入减少了90%，这就是今年很多景区上市公司破产的原因。受疫情的影响，季节性特别强的旅游景点，比如说雪乡，提前40天关门，三亚也是同样受到了冲击，它们的收入锐减了50%。但是有意思的是，不论是杭州西湖还是泰山景区本地游客的占比都出现了大幅度的跃升，其中杭州西湖在2020年的"五一"期间，本地游客的占比达到了82.90%，这是从景点作统计以来最高的数字，也就是说大家出不去了，都要在本地游玩了。此外，上海推出了以摄影、品尝咖啡和观剧为主的都市微旅行，增长非常明显。

一、后疫情时代的旅游与文化发展新趋势

受疫情的冲击，逆全球化趋势以及实体增长停滞的趋势加重、加深、加速。《纽约时报》的著名专栏作家托马斯说，疫情一发生，世界就已经不一样了。我们进入了一个新冠的疫情后时期，也就是说由疫情划分出了前疫情时代和后疫情时代。

过去世界的美好恐怕再也回不去了，我们必须为这种状态来做好准备。准备之一就是逆势增长的旅游，英文为staycation，有翻译为居家旅游的，也有翻译为在地旅游的。当你不能外出旅行了，却突然会发现原来有这么多有趣味的当地旅游休闲项目：这里有很多的剧目你没有看，很多的美术馆你没有去欣赏，很多的音乐厅你没有去过，你其实可以在本地进行旅游。例如，2008年金融危机之后的伦敦，戏

---

① 李忠：华高莱斯国际地产顾问（北京）有限公司董事长兼总经理，城市发展战略专家，清华大学、北京大学等26所院校城市发展课程客座教授。

剧产业的产值增长了3%，其中有一种被认为是濒危灭绝的严肃话剧，直接增长了29%。文化休闲看来不光需要钱，还需要闲，当大家有一点闲的时候，可以欣赏更多的美好。

中国和国外其实都是这样。在中国，很典型的例子就是今年电影的争论比任何一年都强烈。以前大家没那么多时间去关注这类的事，今年有时间了，会细细地去体会很多东西。今年全国的音乐节总场次比去年增加了130%，票房比去年增长了113%，创下了被业界称为史上最强的国庆档音乐节，就是因为人们出不去了，要在地休闲。

再看几个中外的典型案例。第一个案例大萧条时期的美国电影业。童星秀兰·邓波拍了很多幸福感爆棚的影片。后来罗斯福总统说，这个国家因为有了秀兰·邓波，所以我们会变得好起来的。后来很多评论家说，我们都应该感谢秀兰·邓波，她陪我们度过了那个最不美好的时代。人在越没有物质享受的时候，越需要精神享受来进行代偿。日本经济曾有过逝去的20年。但正是在这逝去的20年中，日本文化产业开始飞速发展，尤其是动漫产业异军突起，创造了世界第一动漫出口国的巨大奇迹。1998年金融风暴，韩国制定了文化立国战略，一直执行到现在，他们创造了汉江奇迹，形成了非常强大的韩流，中国现在大量综艺节目都是从韩国买的版权。这就是当经济低速增长的时候，反而是文化产业发展的一个好机会。可以肯定地说，今天的城市再也不会有以前那么大规模的基建，功能城市要向文化城市发展。换句话说，我们建好了这些城市的壳，现在要想一想如何给它充实内含物。

二、都市文博区的经济价值与未来发展

都市里要有多层次的文化空间，包含剧院、画廊、美术馆、博物馆以及图书馆，这些东西加在一起就是后疫情时期的主要消费场所，叫都市文博区。都市文博区既是世界一流城市的标配，又是只有世界一流城市才能打造的文化区域，如纽约的百老汇，伦敦的西区，这两个地方都是人们去看音乐剧的地方。它们是日进斗金的聚宝盆，是城市重要的盈利点。

文化消费中有一个非常典型的现象叫做口红效应：当人们变得不再像以前那么有钱的时候，他们不是不去消费了，而是愿意去买一些那种花钱不多，但是能给自己一个改进性消费的商品。现在的经济发展情况之下，我们越来越愿意把文化当做一种消费，视为一种安慰剂的消费。我们经常批评一个地方不能只依赖门票收入，但我想说，如果你的文化做得好，门票收入也是很可以依赖的。2017年伦敦西区的票房收入是7亿英镑，而百老汇每年的年票房收入一般是10亿美元；2016年陕西

博物馆一年的门票收入是 8.8 亿人民币。

打造都市文博区，一定要把配套的文化和消费的文化给分开。配套的文化一定要就近，离我们越近越好。但是后面这种消费的文化，产业的文化一定要聚集，只有聚集了，才能形成聚集效应。比如"我到百老汇看一场音乐剧"。注意这句话，作为游客去看一场音乐剧包含了两件事：第一是我既然来到了百老汇，就一定要看场音乐剧；第二件事，只要我来到了百老汇，我一定能看得上一场音乐剧，因为这里有这么多的剧院，总有一款剧我是能选得上的。这就是聚集的效应。

聚集产生了分工。我们都知道有百老汇，但是百老汇之外其实还有"外百老汇"和"外外百老汇"，这两个地方是干什么的？是替百老汇孵化剧目用的，也就是说小剧场实验性的演出往往在"外百老汇"和"外外百老汇"进行，而那些赚钱的演出一般是在百老汇进行。

据文旅部的统计，中国 2019 年文博旅游的趋势逐渐增强，其中演艺收入比 2018 年增长 50%，以后在疫情期间应抓住这个都市文博游的趋势。文博业发展的重要表现为私人美术馆在急速增长，截至 2020 年初，以美术馆为名成功注册的民营企业有 920 家。

尽管如此，我们与美国相比仍有很大差距。根据美国 2014 年的统计，全美国有 35 144 家博物馆。以美国的 3.27 亿人来计算，不到 1 万人就有一家博物馆，这就说明他们在文化事业、文化消费方面远远走在我们前面。在后疫情时代，都市文博旅游既是我们未来要弥补的新空间，也是经济新的增长点。

三、文化产业增长的三种路径

文化产业三种增长路径，第一种叫产业协同，第二种叫客户细分，第三种叫场景驱动。

1. 产业协同

先说第一种产业协同。为什么只有大城市才能孵化出最强劲的文化产业呢？因为唯有大城市才具备科技、教育和金融三者协同的优势。

文化和科技的协同创造了怎样的效果？以《冰雪奇缘》为例，里面非常梦幻感的冰雪场景，是由 100 万个发光二极管、32 台计算机和 19 台投影仪共同完成的。音乐剧《西贡小姐》的舞台空间能飞进一架直升机，这个舞台技术现在只有他们能做得到，没有高科技的加持是绝对不可能达成的，这就是我们看得到的科技。科技和文化结合的背后必须得有一个扶持，那就是金融。《歌剧魅影》是 1988 年孵化出来的，制作成本是 800 万美元，演出了 12 622 场。截至 2018 年，它的总收入是 60 亿美元，回报是 700 倍。有投资回报就催生了天使投资人行业。天使投资人是文化产业里哺育出来的。百老汇的演员很多是来自周围学校，除了哥伦比亚大学的艺术学院，还有茱莉亚音乐学院——美国顶级的音乐学院。这就是我们看到的三方的力量组合而成，共同支撑文化产业。

2. 客户细分

在客户群体细分里面，最值得抓的两种人，一种是狂热粉，一种是望子成龙的亲子家庭。人们愿意为兴趣花钱，如中国小伙子参加全甲胄比赛。儿童和有少女心的中年女性是消费主力，她们形成家庭旅游市场强劲的需求。新西兰陶朗阿飞行者博物馆通过吸引飞行员和爱好者，以及提供儿童体验，成功吸引家庭消费。美国橘郡艺术中心通过提供高品质文化体验，成为亲子消费热点。这些案例表明，通过兴趣和亲子活动可以有效地抓住消费市场。

3. 场景驱动

场景驱动中典型的案例是茑屋书店。从 1983 年到现在，它已开了 1459 家店，每月的盈利是上亿日元，这是一个书店中的奇迹。

有人认为茑屋书店不止卖书，还卖咖啡，用杂货店的模式经营，这并没有抓住茑屋书店的本质。茑屋书店它奉行的是一个兴趣导向的逻辑，从卖一本本的书变成卖一个个的兴趣主题的场景，并不是随便什么放在一起都能卖得出去的。它不只是卖书本，而是针对顾客的兴趣导向经营。例如日本大阪府的 T-site 是所有的茑屋书店中占地最大，也是业态功能最丰富的，占据了 9 个楼层，被称为营业到 25 点的全家便利店。书店第一层的面包坊雇用了一个很内行的面包师，让大家能享受面包香。第二层做的是书店加音乐，尤其是黑胶唱片，这里有一种复古的情怀。第三层做的就是书店加咖啡，营业到 23 点，让很多下班的人在这里进行休息。还有第四层有美容店。第五层是把童书和幼儿园结合在一起的空间，再为不同年龄段的儿童打造游乐场。所以儿童消费其实是这里一个重要的消费，然后每一层的书店里面都加上了数字体验，这就是茑屋的成功秘诀。

伴随着后疫情时代的到来，我们应当主动做出一些选择，而文博旅游是在后疫情时代，我们既可以去培养的一种美好生活的新空间，又是经济的新增长点。

旅游·影响力 & 传播力

第四届『旅游三十人论坛』

港澳青少年的国家认同与游学实现

戴斌[①]

一、港澳青少年内地游学20年的进程与反思

内地游学分为自发成长和国家主导两个阶段。港澳回归以前到2014年，当地的爱国团体、社区组织和教育部门开展了中小学赴内地游学。这个阶段，主要目标是学习推广普通话和实现香港、澳门通识教育的要求。承办主体主要是中资旅行社，主要目的地以广东为主，并向全国拓展。

2015年，以原国家旅游局为主推动成立了港澳青少年内地游学联盟（以下简称联盟）。内地游学由此进入了国家主导的新阶段，有关方面出台了港澳青少年内地游学接待服务规范，实施了港澳青少年内地游学工程，推出了若干较有影响力的服务品牌，内地游学开始步入有序发展的快车道。

2016年上半年纳入统计范围内的人数达到了5.4万人。2018年到2019年，在文化和旅游部成立以后，参加同根同心和同心万里游学的港澳青少年的人数达到了历史最高水平，较十年前增加了十倍。

特别是有些组织体系得到了完善，相互支撑的格局已经形成，内地推出了一批经典的线路和游学的课程，涉及自然风光、文化遗产、传统文化、红色文化和现代化成就的体验。优秀的内容覆盖了课程准备、知识、课程、实践课程以及配套的活动。特别是一些经典的游学线路，赢得了港澳青少年的喜爱，形成了品牌影响力。

以"一日千年·学问长安"项目为例，涵盖了西安碑林、汉文化主题公园、汉城湖，让青少年体验到了一以贯之的中华礼仪，参观了青铜器博物馆和陕西历史博物馆、兵马俑博物馆，进行文物修复的体验，还能够去永兴坊体验地道的美食。这样一条线路，将传统文化和当代生活融合在一起。

还有依托世界自然文化遗产的诗画安徽文房寻源的五天行程，港澳青少年登

[①] 戴斌：中国旅游研究院院长、教授、博士研究生导师。

临黄山，走进画里的乡村，跟随非物质文化遗产传承人学习毛笔的制作，动手体验徽墨的描金，体验中华文化的雅致、高洁和风流韵致，无论是陕西西安，还是安徽，从研学项目的设计来看，都有非常好的内容，非常丰富的内容设计和行程安排。

特别是内地游学，形成了广泛的社会共识，越来越多的人认识到港澳青少年内地游学不是一般意义上的观光旅游，是肩负着光荣使命的留根工程。参与本项工作的内地和港澳机构的受访者中间，80%的同志赞同这一理念。在业界的深度访谈中，反复提及港澳青少年与内地情感联系和国家认同的极端重要性，并认为内地和港澳教育以及旅游管理部门、市场主体各个方面都要承担共同而有区别的责任。

80%的内地机构和84%的港澳机构赞同游中学、寓学于乐的发展方向，并对未来前景保持充分的信心。从调研结果来看，内地青少年游学还面临着一些需要关注的挑战。如中华优秀传统文化的获得感较弱。调研发现，尽管有74%的港澳青少年对于祖国的历史文化有认同，但是以优秀传统文化为创意基础的游学项目还存在着明显的同质化现象。

二、当前港澳青少年内地游学面临的现状、环境和挑战

一是游学产品老套。港澳青少年到内地还是以学练毛笔字，体验一些非遗，参观一些遗迹、博物馆为主，没有精准地把握青少年群体特定的需求，对参与式、沉浸式产品的需求，产品的创意、营销推广、资源整合、运作模式上相对陈旧。特别是在游览观光过程当中说教意味比较浓，形式以静态和口头讲解为主。在解说系统上有极大欠缺。实际上解说系统如果做不好，对青少年的情感认同和最终的理念认同都有非常大的制约作用。如果我们忽视了参与性、专业性、趣味性和体验性，就可能导致游而不学，也可能会导致学而不游，最终的获得感和满意感是有问题的。我认为在现有的游学体系当中，革命文化和社会主义先进文化的比重明显偏低。

二是历史的原因导致了港澳青少年群体对祖国改革开放以来的现代化建设成就，特别是承载民族复兴和人民幸福中国梦的内涵理解不够、感受不足，特别是对全面建成小康城市更新、乡村振兴、共同富裕的国家战略理解不够。部分市场主体在开发游学过程当中，片面地强调以人数的增长和收入的增长为目标，缺乏对青少年理解社会主义国家现代化建设成就的这一目标的引导。

以2020年度港澳青少年内地游学推荐产品为例，这是一个由政府主导的品牌项目。其中，我们看到绝大多数的产品是指向传统文化的，指向非物质文化和社会主义文化及社会主义先进文化的项目相对缺位，在15个推荐出来的项目当

中，只有"领略首都创新 传承北京文化"和"嗨！内蒙古——草原、沙漠、地质、民俗体验等系列游学产品"这两个项目是注重现代和体验的，其他的更多是指向过去。

部分受访者认为，过于官方的形式和过于遥远的记忆，让他们没有太多的记忆点。其实从我们了解的情况看，广大青少年更多地希望去了解祖国的日新月异的发展成就，现场参观知名企业，特别是前沿性的科技打卡，比如北斗、天宫、蛟龙、天眼、悟空、墨子、大飞机，还有发射基地，都有着浓厚的兴趣。

非常遗憾的是，尽管有所提及，但这些代表祖国繁荣富强的伟大成就项目，往往没有进入现代的内地游学开发的视野。再就是对非遗传承人强调的同时，应该强调大国工匠对现代文化建设的支撑作用。客观来讲，这个方面相关内容不到30%，还是偏弱的。所以，在内地优秀产品当中，涉及革命文化和社会主义先进文化的比重明显偏低，导致港澳青少年对传统的中国有所了解，但对现代的中国了解不足。

第三个存在的问题，我认为是统筹力度不够，资源和力量相对分散，国家层面和重点省市出台了不少涉及游学的政策和行业标准，内容涉及市场准入、市场促销、产业培育、项目扶持、人员培训等等。应该说，这些项目基本上实现了浓厚氛围和引发关注的目标。但是，在政府部门之间，各级政府之间，内地和港澳青少年游学的组织之间，还存在着协调落实特别是理念的一致和目标的达成问题，还需要有很多工作要做。现在争权、争利、争名的情况还在不同的程度上存在着。游学基地建设和研学旅行基地建设还存在着有机联系不足、相互支撑不够的情况。

三、关于内地以及港澳青少年内地游学的未来建议

从未来的发展讲，港澳青少年内地游学的价值取向必须是以文化自信和国家认同为导向。要高度重视和关心关爱港澳青年一代，为他们成长成才成功创造良好的条件。习近平总书记指出，要让旅游成为人们感悟中华文化、增强文化自信的过程。港澳青少年内地游学必须将学放在一个更加重要的位置上来。

我们要向广大港澳青少年展示的不仅仅是一个从黄山到黄河的山河壮丽的中国，也不仅仅是一个从《诗经》到《红楼梦》的风雅多姿的中国；我们还要向港澳青少年展示一个在中国共产党的领导下，一个从积贫积弱到全面小康、自强不息的中国；还要向青少年展示一个人民幸福的中国，一个关心人类命运共同体建设的中国。

今天的北上广深等一线城市和重庆、成都、武汉等中心城市，基础设施、经济

建设和人民生活已经达到或接近了发达国家水平。大兴机场、北京CBD、广州塔、京沪高铁、浦东新区等，正在与故宫、兵马俑一道成为开展内地游学的新载体，承载着民族自强不息精神的革命文化，承载着民族复兴和人民幸福的社会主义先进文化。展示中国建设成就的游学产品，不仅能够激发港澳青少年参与内地游学的积极性，强化其获得感，而且也促进旅行蓬勃兴起。就在两周以前，中国旅游研究院在北京发布了中国研学旅行发展报告，引起了社会各界的广泛反响。到去年年底，教育部已经遴选了622个中小学研学实践教育基地和营地，开发了6397门研学实践课和7351条精品线路。

面向港澳青少年游学的营地课程和线路都应当在港澳政策的指引下，在内地游学和中小学游学市场的牵引下，统筹港澳青少年内地游学和内地的中小学游学工作。

要强调的是，港澳青少年赴内地游学工作要统一到习近平总书记提出的五个认同上来——对伟大祖国、中华民族、中华文化、中国共产党、中国特色社会主义的认同。

要全力以赴去进一步统一到领略中国文化之美，增强文化自信上来，就要加强对优秀传统文化、先进文化的理解和自信，认识到中华人民共和国从何处来，向何处去的基本问题，认识到党史和国史的关系。认同和理解包括一国两制、港人治港、澳人治澳的大政方针。青少年是国家建设港澳发展未来的中坚力量，必须培育爱国者，要以培养爱国者的高度责任感来精心设计港澳青少年赴内地游学的每一个环节，为青少年的成长创造良好的条件。

要在中央港澳工作领导小组的领导下，建立起能够整合内地游学和青少年研学旅行的统筹协调组织。要把整个内地游学和青少年研学旅行纳入港澳工作国民终身教育的整体体系中来。在市场资金信息激励、教育资源的整合共享上，在意识形态核心价值观的培育上，在迭代服务管理、规范、标准对接上形成可操作、可落地的路线图。

在推荐产品的基础之上，要整合扩展现有的一些资源。各中小学研学旅行资源，要建立优质的产品库，调动各个地方、各行业和市场主体的积极性，将游学教育人员扩大到高校的教师、政府官员、基层的社工和社会团体资源，推动实现游学人员的全覆盖。推动内地和港澳双向游学活动的开展，促成和鼓励双方青少年一起游。

在游学的过程当中，融入艺术、时尚、美术、运动、拓展、科学考察等元素，在产品层面上，推动研学旅游与红色旅游、乡村旅游、文化旅游、体育旅游相融合，最大限度地拓展内地游学资源的利用和优势的共享，以青少年满意度为导向。从游学基地品牌的辨识度与美誉度、产品的创新、基础设施、公共服务配套等多个维度，综合推动港澳青少年在内地游学的发展。

制定和优化，包括服务和课程建设在内的系列标准，特别是整体上把握青少年的心态和特质。坚决把港澳青少年赴内地游学活动统一到国家港澳工作中的大局中来。相信在中央的统一领导下，教育部门、港澳部门、青年工作部门、文化旅游部门统筹协调，并在各级政府加大支持力度的情况下，我们一定会把港澳青少年的内地游学推向新的高度。

数智时代旅游教育的传播与引导

刘静艳[①]

在这里跟大家分享一下我的一些思考,题目是数智时代旅游教育的传播与引导。在这个题目中,可以看到几个关键词,数智时代,这个是背景,旅游教育,还有传播和引导。这里涉及一个问题,就是传播谁,传播给谁,传播的效果如何。那么这样的一个逻辑关系在数智时代它可能会发生一些变化。

上面讲的这几个问题显然是一个系统,不是一个单一的要素。要素和连接关系可能是我们理解系统的非常重要的两个关键点。如果说我们把它放在一个系统的角度来考虑可能就会涉及抽象的关系。比方说变量、依附量、增强维度,还有调节维度。另外还有因和果之间的对应关系。今天谈论这个问题是从系统的角度给我带来的一些思考。因为我们发现每一个单个的要素有时候是很难完全决定自己的行为,而要素和连接关系放在一起,构成了系统,才决定了某一个要素。我讲的这个是一本《商业洞察力》书中的一个观点,当然这个也是系统的一个观点。至于数智时代会带来什么样的变化呢?党的十九届四中全会就把数据作为生产要素。既然是生产要素有变化,数据已经作为生产要素,势必就会影响到生产力,还有生产关系。所以我觉得作为我们,无论是"旅游+",还是"互联网+",其实这种融合是几乎没有边界的。所以,整个旅游的内核可能会发生一定的变化。

一、数智时代旅游面临的挑战

数智时代,一个非常重要的问题就是数据的技术。对于管理专业的同学,面对的是这个技术的缺口,数字技术可能是短板。而对于数字技术人才,他们又没有受过旅游专业教育,旅游管理方面是他们的短板。

一个行业或者是一个产业,假如不能够吸引年轻人进入,也就缺乏智慧资本,

[①] 刘静艳:中山大学教授、博士研究生导师、中山大学管理学院副院长。

智慧资本其实就是这里讲的技术的资本和人力的资本。我们做过一些测试，比方说根据《信息时报》2018年的数据，旅游管理这个行业存在双低的现象。所谓的双低就是行业的认同相对低，毕业生专业就业率也比较低。我为什么要讲到刚才所说的系统呢？系统里面最重要的一个关系就是增强回路。增强回路里头涉及正向的增强回路和负向的增强。如果说这是个很重要的问题，假如是在增强回路上，但它同时又是一个负向的增强回路的话，那么这个问题的确是要引起我们高度重视的。所以我们在相关的一些场景中，也做过一些测试。就是旅游传播中谁传播给谁的问题。

我们在跟学生做测试的时候，发现如果从认知技能、人际技能还有技术技能三个维度测试，在用一个量表去测的情况下，大部分的本科同学其实技术技能和人际技能可能相对排得高一些。绝大部分的认知技能都相对低。那么这个问题又会带来什么样的新问题呢？认知因素有多么重要呢？

二、认知因素的重要性

我们说认知因素，其实它最重要的表现就是经验的开放性，还有就是业务知识，最重要的是远见、创造力，还有洞察力。我想现在就是我们经常说的乌卡（VUCA）时代，洞察力越发重要。比如上文提到的测试结果说认知能力相对偏低，就是需要我们去分析的一个缺口。认知里面还涉及什么问题呢？我们从一个国外学者做的理性情绪行为模型来看，实际上第一时间可以看得到的是行为。但是我们看到行为之后看到的是事件。但是这个事件经过了VABE，即value（价值观）、assumption（假设）、belief（信念）、expectation（期望）。通过这样的一个环节之后，可以得出一个结论。这个结论会先影响到情绪或者是感受，然后才会影响到行为。这其实也就是我们经常说的价值观对于行为具有深层次的力量。

再具体化一点，也就是说感受到了什么，或者屏蔽了什么信息，加重了什么信息等等，我们可以看得到VABE其实是非常重要的环节。VABE，value、assumption、belief、expectation，和刚才我们讲的这个认知关系非常密切。作为整个行业的发展，是需要有人引领的。我们需要投入什么样的元素，才能够产出我们期待产出的东西呢？投入特质，投入技能，还有就是投入价值观。所以在这values是非常重要的一个维度，接下来才进入了一个过程。产出的结果是什么呢？就是价值创造。所以价值创造可能不仅仅是我们原来表述的相对狭义的利益相关者，它的宏观性可能更加明显。在这个维度里，其实价值观作为一个非常重要的一个输入变量。如果这个环节做得没那么好，或者说有明显的缺口或者是瑕疵，那么对于预期产生的价值创造，可能就会打折扣了。

三、旅游教育的传播和引导

旅游多年的研究，从大众旅游，到度假，然后到高端，再然后到现在的旅游，这是旅游的整个发展的过程。可以看到，其实最早或者说最本质的两个点是大家关注比较多的，一个是支付能力，一个是可支配时间，也就是我们说的有闲又有钱。但事实上，大部分人可能没有处在这个象限，2019年的数据显示中国大概有10亿人没坐过飞机，2016年，出入境管理处的数据显示国内的护照持有量是1.2亿人，照此推算的话，当前可能还有大概11亿国人没有出过国。中国旅游研究院戴斌教授在2021年也提过，大众旅游必须坚持以人民为中心的发展导向，坚持旅游为民的政策创新。其实这个也就是价值创造，所以现在我们越来越强调旅游的人民性。我们对于传播者和被传播者这个路径的选择是否更加有效，从需求侧的角度来讲，我们是不是能够更好地解决一些供需错配。

供需错配从培养人才的角度来讲，应该不仅重视技能性，重视工具理性，更多地还要强调价值理性。把价值理性和工具理性进行有机的融合。他们需要有洞察力和探索精神，这时候才会带来创造力。所以不是简单地复制过去的情节。我的观点，旅游教育的有机融合不是在我们旅游管理的这个专业里开设了很多智能酒店管理或者智能运营等跟技术相关的课程，而是要跨界合作。因为我觉得在短期内，不可能马上把宏大的技术迅速地融入专业中。不要用一个圈层的结构去界定我们所处的专业和我们所学的知识。

内心有一个强大的梦想，想做成什么事，这是非常重要的。这也是在强化价值的理性上，作为一名教师，值得我们去认真思考。习近平总书记在庆祝中国共产党成立100周年大会上的重要讲话中，指出增强做中国人的志气、骨气、底气，不负时代，不负少年，不负党和人民的殷切期望。所以我觉得对于培养旅游管理专业的学生也应该在志气骨气，包括对专业的热爱方面，强化这方面的认知。当然，这跟传播有关，就是我们教师到底输入什么。强调旅游的人民性，就要考虑供给侧。考虑供给侧，那我们的研究是不是也要调整一下，去强调供给侧这个方向，这是我表达的一个观点。

从上到下的信息传播，效率可能会很高，但是信息和信息之间的贯通效率就会比较低。如果这种信息和信息之间的贯通接口失灵，那么这个时候可能带来损失，所以在有纪律约束的前提下，有意识地分享信息，对旅游管理是非常有用的。大家多一点交流，多一点沟通。这种交流和沟通不仅是专业内的，还应包括跨专业，突破一些圈层。

文化遗产旅游促进国家形象塑造和传播

沈涵[①]

今天我演讲的主题是文化遗产旅游主体、国家形象塑造和传播。国家形象,受到了文化遗产旅游的推动。从要素来看,主要是文化遗产旅游的资源对于国家形象的推动以及中介的作用,即文化认同。主要的理论框架是认同理论、场域理论以及情绪体验理论。

一、文化遗产旅游对国家形象的塑造机制

世界旅游组织对于遗产旅游的定义是:遗产旅游是指深度接触一个国家或者地区的自然景观、文化遗产、哲学、艺术以及风俗习惯等方面的旅游。文化遗产研究可以归为三种类型:一是文化遗产理论基础分析,二是文化遗产有利的开发和管理,三是旅游地与旅游者的研究。

在文化遗产与形象塑造的关系方面,文化的氛围、自然的环境以及整体的特征,它们共同构筑了旅游的形象。这是文化遗产对于形象构筑的共用的通道。另外,文化遗产也通过场域和唤起来影响目的地的形象构建,也就是说通过这样的社会情境以及情境当中约定的一种潜意识的表达习惯来改变人们对于目的地的形象的认知,进而塑造一个更加有深度的目的地的形象。

文化遗产是目的地形象的重要来源。原真性形象主要来自文化遗产。文化遗产对于旅游形象的构建是非常深层次以及多元的。对于国家形象的研究,往往从旅游者的态度,尤其是积极感,对于文化的认可这个方面来展开的。游客对于文化的感知形象,会影响他们对目的地的态度,进而通过对深层意义的探索来复原历史。文化形象与个人的认同是息息相关的。在全球化的背景下,人们会更加容易获取跟文化有关的一些信息,从而会进一步地促进现在的信息革命,它能够大力地推动对于

[①] 沈涵:复旦大学旅游学系教授、博士研究生导师,国际旅游学会常务副秘书长。

文化遗产的个人认同。

形象与文化认同之间可以互相强化。这种强化的关系，会重构以往对于国家形象的一般的传播和塑造的通道。在原本对于国家形象的研究当中，一般是通过对于国家特定的认知、信息的总和来进行认知和情感上的综合评价。随着旅游形象的相关研究的兴起，研究者发现旅游也是国家形象塑造的一个非常重要的手段。通过在旅游以及在国际市场上展现出来的目的地的形象，来构筑对目的地的认知。这是有别于传统的基于产品、基于政治、基于文化，或者外交而塑造出来的国家形象。

通过将旅游领域的国家形象以及目的地的形象的结合，可以在国家的尺度上来进行旅游形象的构建，宏观和微观这两个方面都会对国家的旅游形象形成非常好的全面的认识。另外，除了旅游形象之外，对于国家的文化形象，现今也是有越来越多的研究。

文化形象一般是指国家的文化内涵存在于本国人民以及世界人民心目当中的一种观念，以及它的总体的印象。大致是分为风俗习惯、价值观、意识形态、科技实力、教育水平和文化遗产。国家形象和文化遗产旅游，二者间的非常重要的中介要素就是文化认同。文化认同主要是从认知、情感、知觉、行为这几个方面来进行测量。

通过在文化旅游地的场域中构筑出客观关系的网络，形成具有独特性的社会空间的构建。这样的文化遗产网络，一方面通过市场作为纽带，把场域当中的象征性商品与消费者进行非常有效的连接。另一方面文化遗产旅游的旅游地形成了一定的社会边界。在这个社会边界当中，可以构筑出对于心理认同的一种内在的机制。

二、文化遗产旅游对国家形象的传播机制

上述文化遗产旅游的形象塑造，文化遗产旅游影响消费者的文化认同，进而塑造国家形象，主要通过三个渠道来进行国家形象传播。一是展示，形象资源通过旅游渠道，以及通过文化交流渠道进行相应的形象资源的活化和互动。二是通过旅游产业本身的资本、人员的流动推动和传播目的地的形象。三是通过媒介，媒介突破了传统的文化传播的单一的媒介。

在市场领域，商业化的媒介是和文化交流以及媒体宣传相结合的。通过交流合作以及互利共赢的市场化机制，来推动国家形象的传播。通过文化遗产旅游引发全民的关注和参与，从而形成一种共建共享的认可机制。

中国是世界遗产类别最齐全的国家,历史典籍、地上地下的文物、非物质文化遗产等,各个方面都有非常丰富的积累。这些文化遗产,蕴含了历史各个时期的生产水平、大众审美、社会风尚等等内容。所以世界遗产的可视化的展示是进行国家形象展示的一种最有冲击力的形象符号。

通过旅游的发展推动文化遗产登上历史的展台。一方面可以借助大众传媒,以更加有形的展示模式来展现国家形象。另一方面,通过智慧文旅创新和扩展。比如说会展数字平台、新媒体人工智能等等这样的一些技术,推动文化遗产的全方位的展示。

文化遗产的资源纳入了国家旅游的规划方案。比如长城、大运河等等这样的一些国家文化公园的建设,深度推动了旅游与文化遗产的融合,从而能够帮助建立起更好的文化传统标志和宣传教育的体系。此外在文化遗产旅游的领域,可以通过旅游媒介扩大国家的文化影响力,来进行相应的丰富形象的输出。在旅游和文化交流领域,文明交流路线使得文化遗产推动国家形象传播成为一种流行的、可行的且易于深入的途径,有利于外交以及具有意识形态色彩的宣传。以人的交流、人的接触、文化的交流来进行形象的传播,为国际的交流合作开辟了新的领域。

文化遗产旅游在推动目的地的发展,以及促进国家形象的塑造和传播方面扮演了非常重要的角色。主要从以下四个方面来进行总结。

首先它是通过场域和唤醒系统来重组了目的地的一些资本关系。实现了文化遗产地资源的延展、价值提升和认知的构建,然后促进了目的地的发展。其次在构筑文化认同方面,遗产旅游能起到的重要的作用,主要是通过认同文化符号来获得关注,提升目的地的旅游形象,并且推动目的地更好地维护和发展历史文化的符号和遗产,实现遗产现代传承。再次是主要通过目的地推动了文化的沟通和传播,更好地塑造目的地形象,并且通过产业的发展不断地进行遗产体验情境的创新。最后是通过国家旅游形象构建文化遗产,对于旅游者的情绪唤起,以及个体的认知的态度,促进历史文化、国家以及生活态度的转变。

国家文化公园的管理制度创新

张凌云[①]

国家文化公园这个概念最早是 2019 年 12 月 5 号，中共中央办公厅和国务院办公厅印发的关于《长城、大运河、长征国家文化公园建设方案》里面提出的。在"十四五"规划和 2035 年的远景目标中，又提出了建设长城、大运河、长征、黄河等国家文化公园。中国传媒大学范周教授认为，国家文化公园是以保护、传承和弘扬具有国家和国际意义的文化资源、文化精神和价值观为目的，兼具传承教育、休闲娱乐、科学研究和国际交流等文化服务功能。

一、国家文化公园管理体系现状

国家文化公园与以自然资源为主的国家公园存在着比较大的差异。这个差异主要表现在两个方面，一从空间分布上看，国家公园是相对封闭和集中连续的自然区、资源点，小部分集中，大部分是分散的，并且是开放型的。而国家文化公园则为散点化、碎片化的线状、带状分布，无论是长城、大运河，包括黄河，都是线状分布的。二从空间结构上看，国家公园基本上是远离城市的。居民人口比较稀少，有些地方甚至是无人区，像三江源，是一些大河的源头。而国家文化公园则与居住地相融。

以黄河国家文化公园为例，在划定的区域内，人口密集，城区、街区、商业区、社区、各种各样的园区，包括工业园区、科技园区，包括学校，互相重叠交叉，边界上不清楚，地域上不连续，跨省跨市。行政管理主体，多级多层，很难形成统一的管理主体和统筹协调的机制。从黄河国家文化公园看，它实际上是按流域，不是按照河流的河岸来划分的。在黄河流域里面，包括黄河故道。其中真正的资源点是比较分散的，而且空间上也不一定是连续的。所以对这么一个主体对象进

[①] 张凌云：北京第二外国语学院教授、博士研究生导师，《旅游学刊》执行主编，北京联合大学特聘教授。

行管理的话，难度非常大。它是新时期文旅融合的一个创新发展的产物。从现在已经批准建设的三个国家文化公园来看，它们的牵头部门也不一样。

长征国家文化公园是由中宣部牵头的，长城国家文化公园是由文旅部牵头的，大运河国家文化公园是由发改委牵头的，总办公室都在文旅部，没有专门的编制。由于牵头的部门不一样，管理的重点也不一样，关注点也不一样，所以可能一个公园一种运作方式。

由于黄河国家文化公园没有列入方案，方案里面提出首批建设三个国家文化公园，黄河国家文化公园是在"十四五"规划里加上的。建议黄河国家文化公园创建，可以遵循在方案中提出的"积极稳妥，改革创新，因地制宜，分类指导"的建设原则，走改革创新之路，积极探索新的治理模式。

二、黄河国家文化公园管理机制探索

从管理体制上，应该把黄河国家文化公园作为一个封闭的地理区域进行管理。但作为一个封闭的地理区域进行管理很难，因此应该将它作为一个开放系统来看待。

首先把它作为一个系统，这个系统就是黄河国家文化公园系统。对行政管理，可以成立类似于黄河国家公园文化公园联盟的机构统筹协调和运营管理。联盟对这个系统管理有三种治理模式可供选择。第一种就是在这个领域内主要的省市跟相关单位成为一个发起单位。在民政部注册成立一个社会团体，这是个实体性的联盟。

联盟成员为黄河国家文化公园单位，包括景区、度假区、特色商业街区、休闲社区、文化产业园区、酒店、零售，甚至包括高速公路沿途的服务区、旅游集散中心、目的地旅行社、旅游服务供应商、博物馆、图书馆、文化演出团体等，就是相关利益方，都作为成员单位，甚至与黄河研究相关的高等院校、科研院所、规划咨询机构也可以作为联系会员加入。

这样的开放程度或者说是市场化程度比较高。政府主管部门对这个联盟进行业务指导和监督管理。政府主管部门对联盟进行业务指导和督导检查，不直接运营。联盟在严格执行国家政策、法律、行业法规的基础上，制定联盟的团体标准。统一标识标牌、统一VI手册、统一形象、统一基础设施和环境要求。

比如无障碍设施或者无障碍环境，统一解说标准、统一服务标准、统一数据标准、统一业务培训等。对于不同业态的成员进行分类指导，统筹协调。利用信息化手段，建立官网和云平台。成员是端，联盟总部有各种各样建设的云，云跟端之间进行联系，开发一系列系统，用信息化手段来统一管理。

总部开发以下这些系统（当然不仅限于这些系统），比如在线博物馆系统，在黄河流域里面，不管是哪个点，要想了解整个黄河的历史、人文，包括相关的知识、人物、故事等等，可以在这个在线博物馆上面浏览。供应链有统一的营销平台，统一对外，包括里面的电子地图，基于电子地图的服务等等。联盟负责建设覆盖各类成员的场景的一体化平台。对于黄河学所涉及的自然、人文、艺术数据进行统一采集，存在这个联盟的云数据中心，深度集成成员的各类业务需求。通过这个平台的云服务模式，为成员提供运营管理、游客导览、产品营销等服务。

这样可以节省成员采集数据、建设数据中心和运作平台的成本。通过统一的软硬件接口，联盟对成员产生的交易、点评，这些数据进行实时挖掘与整合，分析执行成员业务的全面情况，提升成员的运作和营销能力。基于区块链技术实现交易数据的一致。存储是成员与这个联盟平等共享数据，共同维护数据安全。

人员可以通过客户端进行数据交互、下载应用和数据，以及提供基于位置的服务和客户定制服务。综合利用"互联网+"实现对黄河国家文化公园系统的服务和管理，实现线上线下云与端的无缝连接。这是第一种模式。

第二种，成立国家文化公园协会，以协会来代替和管理联盟。这个属于半实体型联盟。如果成立国家文化公园协会的话，那么黄河国家文化公园可以作为峰会架构列入其中。业务上是政府主管部门。比如国家文化公园管理局，文化和旅游部的某个业务室协会，这个协会要有一定的市场开放度，目前大多数协会运行模式仍然带有一定的行政管理职能，协会的主要领导往往是体制内退休的官员，具有一定的路径依赖，这是第二种模式。

第三种，设立黄河国家文化公园联席会议制度。在现有的体制框架内构建文化和旅游部领导下的各省级政府文旅部门为主体的横向协调机制。省内各地还是以垂直纵向管理为主，省与省之间是横向协调，所以属于是混合制，既有横向协调，又有纵向管理。与现在已经成立的三个国家文化部门的运行模式有点类似，这是第三种模式。

以"离家"实现"回家"：
城市中国的旅游与家庭建设

林德荣[①]

本文分成了三个部分，第一个部分是家在故乡，在"回家"中建构"紧密关系"；第二个部分是何以为家，城市中国的"家"，面临的新困局；第三个部分是家在旅途，在"离家"中实现"家"的回归。

一、在"回家"中建构"紧密关系"

中国传统语境下家的概念，家是有爱的地方，是每一个小孩人生最温暖的起点。这里是受伤时的疗伤之处，也是你无助的时候求助之所。所以在甲骨文里面，家是"从宀从豕"，其字意就是屋里有猪。对于古人来说，由于营养食物不足，去养猪，猪，代表营养保障。家，是人们定居生活的一个标志。可以说"可避风雨，食能果腹"，是我们祖先对家的全部憧憬。中国主要是在农耕文明上发展起来的。从农耕文明发展起来的国家，第一个有安土重迁的传统，在功能上追求家的稳定和积累。因此，中国人养成敬天爱地尊主的这种传统的思想理念。第二个就是生活劳作方式，在这种农耕社会里边，家当然是最基本的劳动单元。生产劳作离不开成员之间的互相帮助，团结协作。这样就产生了中国的家族观念，中国的宗亲观念是比较浓厚的。第三个是农耕社会跟当今的城市社会最大不同在于生产空间和生活空间的高度统一。生产空间和生活空间的这种统一，在中国语境里面，家与根植性有关。祖辈父母或者说童年生活的地方，在生活中扮演着重要的作用，作为家的地方和社会归属感，可能并不轻易地随着人的迁移而变化。

所以当旅居者反复地寻思家在何处的时候，也就是会产生乡愁的时候，与根植性有关的这种根祖文化，便闪现在他们的脑海。因此故土难离，生于斯长于斯就是

[①] 林德荣：厦门大学管理学院旅游与酒店管理系教授、博士研究生导师。

一种常态。很少离家是中国人早期的特点。无论出于何种原因,离家始终还是要回家,最终追求的是落叶归根。所以传统的中国家庭,传统的中国人,落叶归根是一个最基本的愿望。中国人对家心存的眷恋,对家的这种强烈渴望,只有"回家"才能找到心灵的归宿,建构"亲密关系"。

农业社会的低流动性,生产空间和生活空间的这种统一性,以及以家庭为劳动单元的这种特殊模式,为家构起了一种稳定的稳固的地方,在空间上保留了家的这种完整性,从情感上维系了家的紧密性,使得在中国文化中,家不仅仅是发现自我的地方,更是人的灵魂最终安息的地方。现代社会与农业社会的形态恰恰相反,都市社会的高度流动性以及生产空间和生活空间的分离,打破了原来维系家庭亲密关系的这种社会基础,使得家庭的亲密关系出现了问题。

二、城市中国的"家"面临的新困局

城市中国的"家"面临的新的困境,主要表现在:在工业化和现代化的推动下,现代社会在生产方式、生活方式、经济增长、社会发展等方面都与传统社会发生了变化,截然不同了。城市化、信息化、教育普及、知识程度提高等,使得家的形态也悄然发生了变化。

这种变化表现在哪里呢?第一个是家庭的规模在缩小。第七次全国人口普查数据显示,我国现在每一个家庭平均家庭户口人口已经降到了2.62,低于核心家庭的3个水平。家庭这种最紧密的共同体已经日益松动瓦解。第二个是家庭老龄化与居住模式发生了变化。第三个是非传统类型家庭大量涌现。比如空巢家庭、纯老家庭、隔代家庭、丁克家族、大龄未婚、单身以及单亲家庭等。

当今的中国的家庭结构已经发生了根本变化。城市中家庭生活的新困局在精神层面上表现在随生活空间不断变化,从而使得家庭功能随之变化了,家庭关系疏远了。在工业化和现代化背景下,由亲情建构起来的家,变得陌生压抑,失去了家的应有的意义和价值。人们脱离了家庭共同体,变成了一个个孤零零的个人,面临着情感的荒芜。现代都市,城市生活的快节奏,导致广大的都市人对于城市有很强大的分离感和疏离感。

旅游不经意间已经成为人们重建家的重要的形式之一。家的内涵的深化,也使得离家有了更深刻的社会反应。传统意义上的离家是一种物理空间上的位移。在流动性和现代性的影响下,当家庭关系发生深刻变化,旅游者的离家不只是离开物理居所,更是离开冷漠疏离的家庭关系和精神荒芜的生活环境,去追求真正的价值。

旅游者，尤其是家庭旅游者，应当理解为对社会—家关系的一种重新建构。这一观念超越了以往的物理空间流动的内涵，涉及家庭成员、社会属性以及社会关系的理论。在旅游塑造的流动社会和空间中，对家的探讨也应当超越具体的物理地点的重点而开展。离家的目的是重新联合梳理社会意义的家。那么家庭意义的缺失带来的不仅仅是逃离，而是对家的寻找。对于大多数国人来说，个体的逃离并不是最终目的，而是在拖家带口的旅行中重新黏合和巩固疏离的家。人规模的以家庭为单位的大众旅游，其背后隐藏的就是对家庭亲密关系的一种修复。所以旅游可以修复家庭关系，可以提升夫妻之间的幸福感。

三、在"离家"中实现"家"的回归

一方面回应现代性施加给人们的空间桎梏，另一方面回应现代社会高度流动性带来的一种不稳定性。由于流动是人内在成长的超越生命形态的本质需求，所以我们将旅游视为自我放逐的精神之旅，因此人们才可能实现个体主体性的回归，才能实现归属感和安全感的重建。所以，旅游并不总是对家的逃避，也是通过流动实践探寻"家"的归属的过程。

这一过程包含了逃离和重构两个阶段，以过程中留着个体的反思和社会间的互动为途径。旅游是对现代化时代的城市市场技术控制的一种逃离，旅游帮助人们逃离城市的束缚、旅游帮助人们逃离市场的规训、旅游帮助人们逃离技术的控制。

在旅游中实现反思与互动。旅游是一种打破日常生活的过程，那么贯穿生活和旅游生活的差异是旅游脱离日常生活中的种种约束，去追求放松，去休闲和反思。多元化的社会生活和文化力量，延伸到人们对家的认知之中。人们基于流动中的情感实践，更能产生对家、故乡、国家等概念的深入理解。当然还有旅游也是一个让人由独处走向团结互动的一个过程。

外出旅游在高度流动性社会构建出生活方式型移民，现在有一种叫生活方式型的旅者，他们周期性地前往相同的地点寻找适宜的气候和惬意的生活。基于旅游体验记忆和日常生活实践与固有的这种地方之间形成的一种地方认同场所依恋和情感连接。这个导致他们的第二居所，构建了一个具有地理弹性的家的意象，也实现了在离家中的一种家庭的建设。在旅居地也能获得熟悉和归属的这种心理状态，甚至获得自我认同的一种社会生活。

这种生活型的移民，他们周期性地往返于目的地和这个家之间。

现在旅游，尤其是家庭旅游，其核心在于通过"离家"，重建家庭内部关系。

在"离家"的过程中，找到"居家过日子"的生趣。那么流动社会中的"家"不再局限于惯常环境中的这种固定的居所，旅游形成的这种所谓的"离家"实际上是在寻找旅游者的"精神家园"。旅游提供了家庭关系重构的一种情境：将人们从日常彼此疏离的状态中唤醒，去构建一种更为紧密的家庭关系。所以我们认为旅游可以帮助人们回到原来的熟悉的家里面去，可以在离家中实现家的回归。

大数据与旅游研究应用

徐菲菲[①]

一、大数据的概念及用途

关于大数据的特征,主要有四点。一是关于大数据的 Volume(大容量),第一个特点就是大数据的大量性。二是关于 Variety(多样化),就是它的多样性,除了监控项数据,还有一些结构性的数据是多种多样的数据来源。三是 Velocity(高速),就是我们讲的实时性。还有一个就是 Veracity(准确性),大数据的准确是相对的,允许它存在一定的误差。学界基本上以 4V 作为它的主要特征。

大数据的功用首先可以用来改善管理,无论是企业还是旅游目的地。其次,大数据可以分析顾客的行为偏好,通过分析顾客行为和偏好来进行精准营销,另外一个就是大数据可以用来预测和预警。比方用来做集群容量的游客量的预测,可以用这个预测作为基础进行一个景区容量的预警。

大数据作为一种研究方法涉及数据挖掘。很多研究是用 Data mining(数据挖掘)技术来实现的。还有一些是非传统性的数据源,比方说管理数据,除了传统的数据之外,还有一些叫做 administrative data(管理数据),就是行政管理的那些数据。还有传感器所采集的数据,像 Bluetooth(蓝牙技术)所采集到的一些信息等等。大数据所关注的是海量的信息。

未来的世界必然是一个万物互联的新世界。things talking to each other,就是各个物体之间都是相互关联的,所以很多决策是以大数据为依托的。

---

① 徐菲菲:东南大学人文学院旅游学系教授、博士研究生导师,东南大学生态旅游与区域发展研究所所长。

二、大数据在旅游研究中的应用

第一个分享的案例是用手机信令数据的一个应用,研究的问题是南京如何划分客源市场。除了用传统的客源市场划分的工具之外,还用手机信令的数据进行了数据的挖掘和分析。识别出在 400 公里和 1600 公里范围内作为它的一级市场和二级市场的客源地的游客来源。手机数据可以用来识别游客的行程路线和游客的时空行为。

第二个分享的案例是 GPS 在旅游开发当中的案例。英国的毕肯斯国家公园采用了相对比较新的做法,它和 Geo Catching 游戏公司合作,在公园内设置了 180 个寻宝点。游客可以通过寻宝游戏的方式去往指定的一些隐蔽的寻宝点去寻宝。通过这样的一个活动,行程变得比较有趣。同时,可以有效地引导游客去往冷点的区域,有效地区分冷热线。

南京师范大学的黄志芳老师团队通过自驾游车辆数据的信息,计算了自驾游的碳排量和景点的关系,以及景点碳排量和景点之间的关系。后来,他们还用出租车的一些 GPS 的数据来计算游客的移动轨迹。

第三个分享的案例是迪士尼用网站上的网络评论数据比较不同的游客类型,使用的方法是 pest find network scaling,比较了 family(家庭)和 couple(情侣)的一些行为的差异,发现家庭旅游者更关注的是票价等信息。而情侣旅游者他们关注的是本次旅游当中所带来的令人激动的体验。

第四个分享的案例是搜索引擎的使用。大家都觉得百度搜索引擎相对来说比较简单,有百度指数。在鞍山的一个工业遗产旅游创新体系当中,把它作为一个潜在客源识别的工具,使用了百度搜索进行人群的画像。

总体来说,我们生活在一个数据时代。更多的旅游地用大数据来辅助决策管理。大数据也给我们带来了很新的研究方法,特别是数据驱动的一些研究方法。我们可以用大数据来追踪游客的时空轨迹,理解游客的时空行为。也可以用大数据来预测游客量,进行景区的预警,识别潜在的游客,计算碳排放。还有一些景区,特别是在非洲的一些国家公园,他们用大数据来管理野生动物。当然也由此产生数据采集带来的一些隐私问题,值得关注。

新时期旅游业高质量发展的几点思考和探索

刘佳[①]

围绕这些年区域旅游、旅游产业和区域发展的研究,跟大家分享我对旅游业高质量发展的几点思考。这个研究,主要是明确了旅游经济增长质量的内涵,将效率提升、结构均衡、环境优化这三个维度放到相互关联的统一系统内展开研究,进一步思考,如何去识别旅游产业的发展水平和质量?如何探讨新时期高质量发展的理论和相应的机制?

一、研究背景

接下来的研究纳入了制度经济学的分析框架,形成了新时期多尺度、多维度、多案例系统集成的旅游业高质量发展路径。旅游业在扩大内需中发挥着主力军的作用,同时也是释放旅游需求潜力和激发旅游供给活力的重要方面。当前,常态化、贸易保护主义和地球权益化等因素引发了全球产业供应链的收缩,刺激了旅游消费全面升级和产业链的重新构造。在这一背景下,海洋旅游在国家海洋强国战略中扮演了重要的柔性战略角色。在激发新时期海洋旅游供需变革的趋势下,游客的关注点也从长期关注出境旅游转向了内陆旅游,我们希望它能转向优质的海洋旅游发展。海洋旅游业在海洋经济发展中的地位在不断提升,增加值占海洋经济总的增加值的比重已经超过50%。但是不容忽视的是,海洋旅游业发展面临产业体系不完善、区域发展还不太平衡,尤其是旅游品牌不太清晰,竞争力有待提升等问题。这些都制约着海洋旅游业的高质量发展和转型升级。

在学术研究的过程中,很多研究相对滞后且碎片化,远不能满足我国旅游业适应国际国内新形势的要求,尤其是在旅游业高质量发展方面,海洋领域的研究还比较欠缺。因此,我关注到从产业经济学、新经济地理学、空间经济学到制度经济学

---

① 刘佳:中国海洋大学管理学院教授、博士研究生导师。

的发展,这是过去十年的研究重点。基于我在旅游产业发展机制及其与区域发展关系方面的系列研究成果,今天我将分享新时期旅游业高质量发展的一些观点。我国进入了新的发展阶段,旅游业的发展也处于机遇和挑战并存的重要战略时期。在新的阶段,旅游业呈现出新的特征和问题,需要深入贯彻新发展理念,包括解决供给和需求不完全匹配的创新发展问题,区域不均衡、城乡差距和共同富裕的协调发展问题,旅游资源保护利用效率不高、生态环境破坏的绿色发展问题,以及提高旅游领域对外开放质量的问题。在共享方面,旅游公共服务应当及时便利地实现主客共享,也都需要贯彻新的发展理念。

要做大做强产业,培育、繁荣国内旅游市场,充分释放内需潜力,促进国内大循环及国际国内双循环上,旅游业是重要的桥梁和纽带。要利用好这两个市场。如何讲好中国旅游业高质量发展的中国故事,我们还要系统地梳理中国发展的背景、旅游业发展的现状和特点。

二、高质量发展的内涵

高质量发展在旅游业高质量、新时期、新理念、新阶段的引导下,它存在自身的内在逻辑。旅游高质量发展是适应社会主要矛盾变化的客观需要,也是人们对美好生活向往的重要体现。旅游业高质量是中国经济发展新的演进的客观必然。需要中国经济向形态更加高级、结构更加合理、分工更加优化、功能更加齐全、作用更加完整的阶段演进。从需求侧上旅游业的转变可以满足消费结构的不断升级和优化。因此,结合国家的政策以及学者的研究,我们在探讨旅游业高质量发展的过程中,概念性、代表性、普适性还有待提升。旅游业高质量发展需要在新发展理念的指导下,在发展方式、产业结构、增长动力等方面发生转变。

我们将这个内涵归纳为一个系统,两条主线,四个维度。旅游业作为民生产业和幸福产业的综合系统,对中国经济增长的贡献率是高于世界平均水平的,也是推动国家和地区经济高质量发展的重要力量。在经济增长的速度换挡、结构步伐调整、发展动力开始转化的新时期,旅游产业的转型升级是经济增长的本质要求。两条主线是旅游供给的高质量和旅游需求的高质量。四个维度是围绕产业结构、绿色发展、创新驱动和区域协调等方面,明确旅游高质量发展作为产业发展的基础,创新作为发展的动力,区域协调是重要的发展要求,绿色低碳是发展的方向。优化产业结构并实现产业的转型升级,是新时期旅游业高质量发展的必然趋势。

三、旅游产业与产业结构优化

第一个方面是构建发展格局。当下构建新的发展格局的关键，在于培育新的经济增长点。旅游产业具有成为新的产业增长点的巨大潜力。产业结构的优化可以基于强大的扩大内需产业的优化，有效地配置资源，在促进高质量发展中发挥重要的作用。我们要强调促进产业结构的合理化和高级化。合理化和高级化是产业结构优化里面的重要内容。在产业结构的高级化方面，要合理配置产业要素，提升旅游产业结构的效益和竞争力。旅游产业链的重构是响应国家新时期双循环发展战略现实要求的重要举措，也是在全球产业链重组背景下，我国旅游产业在行业部门中的具体落实。

中国旅游产业稳步增长，市场规模不断扩大，产业地位逐步提高，形成了以旅游龙头企业和行业组成的产业链。但在新世纪，产业链发展还面临着产业结构的变革与消费模式的升级的挑战，存在产业链条之间比较松散，规模集聚带动性不强等问题。资源禀赋、人力资本、政府投资等供给要素，需求总量、需求结构等需求要素，人工智能、互联网技术创新等创新要素，以及产业集聚、产业融合、对外开放等政策要素，都对产业链形成重要的推动力。旅游业现代产业体系的优化，产业升级，还有一个重要的方面就是服务质量体系，尤其是海洋旅游业的发展，其服务质量提升是新时期重要的要素。旅游公共的服务设施，旅游公共服务的监管，包括服务意识的提高，都有待规范。

第二个方面就是创新发展。"十四五"时期提出的打造数字经济优势，加快数字社会建设步伐，提高数字政府建设的水平，营造良好的数字生态等等，这些都是重要的抓手。数字文化赋能旅游业是高质量引领、高质量供给、高质量创造的重要方面。疫情对旅游业的经营方式、营销手段、产品开发等都提出了新要求，云旅游、数字经济、直播在线旅游等创新驱动是高质量发展的重要方面。文旅赋能旅游业也是提升发展的重要方面，可以从产品的创新、业态的创新、技术创新和体制创新等方面探索发展动力，满足人们日益增长的美好生活需要。区域协调发展方面，旅游产业与区域发展之间的协调是关键。

四、旅游推动区域经济发展与绿色创新实践

旅游发展对地区经济有推动作用，在空间上有正向效应。沿海省份的产业结构调整集聚是一个复杂过程，具有非平稳的变化特征和显著的空间依赖性，形成累积性双向循环的关联作用。结构调整优化在空间上可以带动地区发展，需要落实区

域发展战略，保证旅游发展对区域经济的重要贡献。绿色低碳发展是旅游业高质量发展的重要方向，资源环境承载能力是其基础，旅游产业的绿色创新是实现资源节约、环境优化和承载能力提升的重要发展理念，响应双碳目标，构建人与自然生命共同体。

实现绿色低碳发展的关键在于不同领域主体之间的关系和角色，政府需关注多个要素的相互驱动，环境治理是旅游业降碳减排和可持续高质量发展的重要保障，公众参与是加强环境治理的主要手段。企业可以利用 VR、AR、AI 等新技术手段进行产品创新，联合新媒体引导游客绿色消费模式。

以上，就是最近这些年，我围绕旅游产业和区域发展相关的研究，对新时期旅游业高质量发展的一些问题形成的一些思考。

融合中的旅游发展：主体性与主体间性

谢彦君[①]

一、文旅融合中的主导权争议与案例反思

我想通过带有一点案例性的见闻，谈谈在文旅融合当中，文化和旅游到底谁主导谁的问题。

我先来说一下最近一段时间的见闻。我来海南以后，跑了一些地方尤其是海南的一些村落。在我接触这些村落的时候，看到了一些不同的情况。

一个是我看到海南定安县高林村旅游还没发展，原始风貌不错，是清朝探花张岳崧的故居，是整体村落，我看了很震撼。这个村落现在有一些房屋已拆掉，旁边盖起的个别民宿有几层楼高，是为了发展旅游。这个村子从建造工艺、文化品位来讲有很多细节令人震撼。但一些修复性工程或重建工程品位不高，令人担心。若旅游发展伴随着土木工程，或拆掉老院落发展民宿，这是拿着金饭碗造泥饭碗，不科学。

还有一个，海口市齐鲁老街是一片规模广大的区域，在广西北海、广东等地一般很难看到。修缮后作为旅游景点运营，但中山路游客很少。我写过两篇关于齐鲁老街的文章，也在其他文章探讨过。这里只说齐鲁老街作为古街在文化风貌保留方面是否有缺失。统计齐鲁老街、中山路每十分钟人数，人数非常少。

海南和苏州平江路、泉州西街、厦门曾厝垵、成都宽窄巷子、锦里等地没法比。海口利用老街、旧城资源发展旅游的状况值得思考。到海口附近浦江镇考察，全国重点文物保护单位西北书院正在修复，目的是发展旅游，走文旅融合路径。那里有残存一百多年的古代建筑，有历史感，但修复后已完成的建筑单体完全变样。有个20世纪90年代拆掉重建的粉色建筑很丑陋，这种修复破坏了国家级重点保护

[①] 谢彦君：海南大学旅游学院教授、博士研究生导师，文化和旅游部中国旅游研究院旅游基础理论研究基地首席专家。

单位的品质。以柬埔寨吴哥窟修复作对比，2004年国家文物局协助柬埔寨修复吴哥窟一些寺庙，周萨神庙修复是典范。周萨神庙虽体量不大但修复工作做得非常好。由此看出纯文物修复该怎么做。提出文旅融合策略问题，是因为迄今文化或文物景观本体和应用的关系仍没理清楚，以用为导向的指导思想主导学术、舆论、行政方向，甚至影响文化本体。

以往文物界在保护文物方面很坚持，有些文物从旅游角度难利用，但优质文物若利用可促成好的旅游项目。文旅融合后，文化界思想更灵活，这是发展与开放，但这是否会影响文旅融合本体值得思考。旅游界对文化、文物资源是功利性使用，有时会有急切心态，操作上也较着急，造成了一些影响。

二、文旅融合中的主体性本体思考

我在海南看了好多村子，觉得有些村子一旦发展旅游，品位就丧失得差不多了。这涉及文旅融合是否有主体性问题，即文化和旅游是否各自为主体。结论很明显，万物有本，没本或没主体规定性就无法融合，必须先有本才能融合。这也涉及对文旅融合的看法，我的观点是要有各自独立本体才能文旅融合。从学理上看，中国学术中体和物的关系，本就是主体。文旅融合要尊重文化和旅游各自的本体，就像《论语》里说的"君子务本，本立而道生"，这样文旅融合才能存在。

在文旅融合问题上，文物、古城老街、古村落的本体核心问题该如何回答？仁者见仁，有古味的东西的历史感很重要，将历史感保留、沉淀下来，是老城和文物必须有的东西，这是基本观点。

文化本质有代际可传承性和群体共享性。离开这两点谈文化，只是个人的业务文化活动。文化成因可归结为地域、民族、历史，文化类型多样，如宗教、建筑、学习、旅游文化等，都能在文物古城、老街村落再现。保护这些景观形态，因其是多元文化的典型标准体系，是旅游和文旅融合的基础。旅游的主要问题，我认为旅游是体验，休闲愉悦、异地是关键策略。按此定义连接旅游景观和旅游者需求，有相应类型表现。心理状态现代的纽约人、上海人旅游可能倾向原始情况，心理状态原始的人可能接受现代的，体现差异和异地。

三、文旅融合下的保护与开发平衡探索

老城古村落开发实现文旅融合，可使其生生不息。这可回应文化景观需符合本真性理论，先保证客观本真性，才有机会形成建构本真性，体现存在意义的稳定

性，实现文化景观旅游高峰体验且可持续。文化旅游、荒野旅游、生态旅游都各有其本，不为他物所用。

专门把荒野旅游和生态旅游与文化旅游相对有潜台词，现在主要提文化旅游、文旅融合，若过于狭隘会忽略以自然资源为对象的旅游。若过于忽略或强行将自然旅游资源加入文旅融合，可能破坏自然、生态以及荒野旅游资源品质，现在有一融合就出问题的情况，也有大资本成功的例子。探讨案例过程中，融合出现的问题可归结为主体性丧失，导致主体间接性出问题，主体间接性是人际交往领域概念。

文旅融合现状中存在主体间性位序颠倒、体用混乱情况，"用"主导且延伸到本体，对文化、文物、景观本体动手脚，阻碍文化资源发展。以"用"为主导的旅游开发破坏文物、文化本体是失本，是连根拔起。主体间性和体用间性概念有助于体会文旅融合中开发文化类景观的度，文旅、荒野、文化无原则融合会有问题。

四、文旅融合与文化景观修复策略

文化和荒野融合生死未卜，文化和旅游融合有内在条件，文化和荒野融合也有内在条件，取决于主体间性。文旅融合主体间性的对策实施只能说些原则性意见，如文旅部"宜融则融，能融尽融"的理念很好。

对于老、文、旧、古类文化景观分三类：一是实用功能完全退化的纯粹"文物"景观，修复要完全"修旧如旧"，如吴哥窟、圆明园、云冈石窟等修复需谨慎；二是实用功能有待唤醒的半"文物"景观，像老城、古街、古村落、老厂房等，修复应外观至少、内饰尽量"修旧如旧"，功能可翻新，否则游客不买账；三是实用功能持续存在的活"文物"景观，要保持景观原貌，不做外观和功能变更。这些努力是为了尊重主体性、改善主体间性、利用主体功能创造条件。

上述观点是旅游指向补救文化景观修复原则的体现，也体现体验论旅游定义。体验论旅游定义的初心给景观修复提出潜在要求，需进一步理解。问题结论可借助、吸收其他理论发展。

创 YI 赋能，地方标志性文化旅游商品的研发

王德刚①

一、中国旅游商品发展阶段与文创商品创新实践

简单回顾中国旅游商品发展历程，分三个阶段：第一阶段，20 世纪 80、90 年代大力发展入境旅游时，旅游商品是传统国货，主要卖给外国人；第二阶段，21 世纪前 20 年，以国内游客为主要购买对象，有复制的文物、工艺品，如青铜器、陶器、唐三彩复制品，部分商品向通用化、小型化方向发展，此阶段旅游商品研发设计开始起步；第三阶段，当前所处阶段，以文创商品为主导、国内旅游消费为主要市场的多元化发展阶段，强调创意设计和量化生产。当前旅游商品大概分三类：第一类是艺用兼具的实用性文创商品，有实用性且艺术特征显著；第二类是地方特产，关键在包装设计；第三类是工业化量产的日用品，适合旅游时购买。当前非遗类旅游商品从传统手工作坊式生产方式开始走向以创意工业化生产力主导的量化生产阶段。

二、旅游商品中文创商品的题材与特点

旅游商品题材有传统非遗、文物复制、工业化量产，非遗和文物复制类都经专门设计，符合 80 后、90 后、00 后主力市场需求。山东的十二生肖防护小雨衣是日常用量大的小学生雨衣，用材好、易收纳，外观有十二生肖，将日用品变成实用且有艺术设计的商品。今年旅游商业大赛获金奖的莲花湾公司的香囊，个头小能挂脖子上，以星座为主题分类设计，把非遗香囊通过文创赋予新形象和功能，符合市场需求且能工业化量产。文创商品在旅游商品研发发展中起引领作用。文创商品有文

---

① 王德刚：山东大学教授、旅游产业研究院院长、管理学院学术委员会副主任，中国旅游协会副会长。

化性，包括地方、历史、民俗、艺术、名人等文化，地方性文化常是重要元素。地方标志性文创商品最大意义在于文化传播性，把旅游商品变成文化传播载体，意义超商品本身。文创商品要讲艺术性，符合当代审美要求，还要强调实用性，不能只是孤品，若只有艺术性无实用性和量产能力，市场份额小，一般不被作为旅游商品对待。

三、文创商品研发路径及价值

文创商品研发以文化创意为主导，通过五创叠加赋能完成，即差异、艺术、话题、记忆、效益。以海南黎锦为例，它是世界级非遗，其图案靠老阿婆传承编织，反映海南历史文化。海南对黎锦有两种发展路径：一是工业化设计生产，使其符合现代审美并量产进入国际市场；二是通过现代文创设计进入旅游市场。华侨城在海南的一镇五村项目中，95后设计师在中廖村文创研发时，将我的五创概念运用其中，以黎族大力士为标志性符号，结合"十四五"规划内容，通过主题颜色加主题人物形成系列文创商品，先推出笔记本、存钱罐、雨衣等日常消耗性产品，勾起记忆，以需求营销实现量化市场。文创商品作为地方文化传播载体，其价值超商品本身。

四、文创商品的五创经济效益

看商品机制，国潮系列用黎族文化大力士作装饰推出应用场景，笔记本上的小字是"十四五"规划内容，福袋以大力士为标志性文化。计划陆续推出不同形象，有黎文、黎美两个小娃娃初稿，经讨论要给娃娃加帽子、手里拿东西，用于演化成旅游商品和婴幼儿玩具。中廖村特色商品葫芦、椰子、菠萝，也有相应文创商品。推出中廖村表情包，供华侨城海南集团工作人员统一使用，形成以黎族文化标志性符号为商品标志的旅游商品系列。中廖村以所在地黎族文化为文创商品开发的主要文化元素，通过萃取文化符号，将标志性符号作为文创商品主题，实现五创和经济效益。

五创——创YI，创异、创艺、创议、创忆、创益，是五个创叠加赋能，获得文创商品的实现路径。创意关键词：拟人、卡通、玩偶、人物、故事、寓意、艺术、实用、生活。

五维分享理论

罗军[①]

我按照公司创业路径从五个维度谈分享。分享的逻辑久远，不仅限于技术理论总结。分享与行业相关，如咸鱼、转转闲置物，时间分享如帮人遛狗。小区内，居民共享车辆去远方。人工智能众包平台，婚礼后分享婚纱给别人。

一、分享经济在住宿行业的发展与模式思考

分享是行业的另一个维度。我创业之初不知分享经济，只觉原商业模型竞争力要强。2009 年我创立的易居在美国上市，2011 年想做新东西，看到很多空置房，海南尤多。从商业逻辑看，长租入短租出的模式前人已做到市值百亿，我未必更强，于是想找新经济模型，经济模型决定商业和产品模型。后来想到一种方式，可与行业结合。

关于分享经济有两种翻译方式，一种是共享经济，中国文字博大精深，不应只有一种理解。共享经济大多是像咸鱼、转转那样把闲置物品交易出去，滴滴出租是自己买车后给别人用，是租赁模式，很大程度上是换汤不换药。还有一种称为风险组织，效益不高，是自己的东西自己也在用，多余时间给他人，边际成本趋于零，比如顺风车，从 A 地到 B 地，不是为乘客买车，只是多耗些油，乘客给些报酬或讲个笑话都可以。

2011 年我在海南创立途家，有个案例是北京人在海南有两套公寓，一年只住一个月，其余时间空置。我跟他说房子空着时我帮您保养，有人住收入对半分，成本我担，他住时免费且无限制，他觉得划算。这种模式边际成本为零。分享经济不是一个企业或行业的事，是全行业的，每个人都可以将其与产业经济结合。

[①] 罗军：途家及斯维登集团联合创始人。

二、闲置不动产的分享模式与发展

第二部分谈闲置如何分享。以不动产为例，中国不动产沉淀量大，房地产税推出后，空置房子需产生收益，分享从主动变被动。有主动分享给朋友或陌生人的情况。对于不动产，大量建设是创业项目初衷。从海南 40 套房子 40 个业主闲置，到如今有 6 万间店铺、海外 60 间房。如买 15 元盒饭，吃剩要扔，有人说别扔，给 5 元并洗净还碗，对一方合适，对另一方若拒绝则没意义。

三、共享的逻辑商业模式与异业联动

这种分享逻辑叫盒饭逻辑，将闲置不动产房子分享，同时产生副业。2012 年春天回上海，见到世茂森空酒店项目交房，对其销量存疑，让老师买房子，用企业管家营收模式，空闲时让别人住，收益一人一半。可用于在海南游玩时结账，用在上海酒店经营多余时间抵账。这种方式可与开发企业合作，涉及一级、二级、三级市场。后来在国际市场，对房源按乡村城市操作划分层，针对消费者推出不同产品。企业客户支付，消费者增加产品。城市分享中，年轻人喜欢的房子产品像艺术品，不只是满足住宿标准，有商务和生活需求，不同类型房间有不同内涵。产品与居家有反差，还有别墅、爱马仕产品、乡村类、亲子类等。讲了共享住宿逻辑和行业情况，以及与房地产行业如何合作，分享还有很多异业性。如住宿和豪车联动，周边游、自驾游与住宿结合，形成互补，还有住宿和红酒结合，消费者反馈好。还举了茶叶例子，运营负责人认为给住客提供高品质岩茶成本高，后来找茶厂商量，把茶叶做成茶包，结果茶包受欢迎。

四、线下情感关联与分享传播创新

风险在线下很有意思。比如收到朋友寄橙子会觉得麻烦，在淘宝买褚橙不好吃影响心情。由此想到办法，有线下情感关联的情况，想到逆电商逻辑。比如吃到很好吃的橙子，在朋友圈发红包，红包内容是五斤橙子，只有领红包者能看到，橙子会送到其地址，他觉得好吃就会继续买，这是红包逻辑，是分享和传播。用这种方式在几十个省份实践，效果好、裂变大。分享有很多无形的，是美好时光的梦想，会有很多分享例子。比如住别墅，告知使用得当就免费，要保证完好。这是项目方案。

五、创意扩散与不动产运营分享逻辑

很多创意,如弄小猪圈让小朋友喂猪、小朋友牵羊,但要跳出局限,有更多扩散性思维,尤其是在输入层面,关注旅游和虚拟空间接口,会有更多创新发展。途家相当于小的携程,600多房源、280亩基地和1500平方米办公总部。我一路创业,有两家公司,易居在美国上市,途家2015年拆分。我主要精力在线下企业。创业者有的未成功,有的机会财富还未来,我属于后者。我创业十年,写了些书,这里只谈创业过程中,在不动产运营方面的逻辑思考,包括运营方式、痛点、组织情况、资源获取能力。

希望产品、作品受消费者和业主欢迎,更希望经济模型被作为案例深度剖析,所有人将资源用到极致,分享创造未来,令生活更美好,一切快乐的事物都值得分享。

旅游传播及其引导可能

林璧属[①]

旅游的传播力和引导力,怎么样才能实现?怎么样才有可能实现?我分四个部分进行阐述。

一、丁真现象与大数据洞察

先看传播力和引导力。大众旅游和大数据时代,旅游目的地和企业要在信息海洋中获取消费者关注,扩大传播力和引导力以获得竞争优势,如互联网+数字媒体、旅游直播带货、网红兼职。传播力是与旅游目的地相关传播渠道的能力和效果,引导力是变现能力,传播后流量好但不变现不行。

从案例说起,丁真走红是个好故事,他出名只需 7 秒钟。2020 年"双 11"丁真短视频在网络发酵,"微笑收藏家·波哥"发布不到 10 秒短视频,视频中丁真肤色黝黑、脸庞英俊、眼神羞涩。丁真走红我很关注,问厦门大学管理学院工作人员和学生他走红的原因,他们说因为帅,可学院很多老师帅却不红。丁真走红先是微博平台传播,他走红后甘孜理塘网络搜索指数大幅增长,微博平台起很大作用。丁真走红盖过很多地方花重金推出的旅游宣传大片。通过大数据检索,发现关注丁真的以广东、北京、江苏、浙江等发达地区为主,中部河南、河北、湖北等次之。从城市看,除成都外,北京、上海、深圳、广州等超一线城市和杭州、重庆、武汉等一线城市在榜,大城市对丁真追逐中,越大越有影响力的城市越靠前。30 岁以下人群贡献丁真搜索新增的 62.68%,女性比例远高于男性,国内 OTA 旅游平台数据显示,中国家庭超七成旅游消费决策由女性做出,年轻女性在旅游中主导地位凸显,丁真符合她们的需求。一年后丁真以捍卫自然倡导人身份受邀参加联合国活

---

① 林璧属:厦门大学管理学院旅游与酒店管理系教授、博士研究生导师,全国 MTA 教指委委员。

动。赛马节,为家乡代言。丁真走红除自身因素外,当地政府持续跟踪报道也很重要,2021 年他参加了很多活动。近三个月抖音、微博平台在旅游传播中作用大,抖音影响更大,丁真 15 秒内短视频传播量最大,粉丝量 810.5 万,平台粉丝点赞总数七千多万,评论总数四百多万。微博近七天数据显示丁真还有热度,说明他有持续贡献度。2021 年"十一"黄金周理塘接待 137 967 人,旅游总收入 1.52 亿,同比增长 72%,受丁真热度影响大。

二、以迌迌为核心的旅游推广

丁真走红能带来什么思考?2020 年和实业人士讨论,他们说疫情后中国汽车卖得火,一直到今年 9 月全国汽车销量都高。宿营的帐篷卖到缺货。

帐篷卖断货说明大家想出去,丁真走红有必然因素和自身帅气因素,其传播方式功不可没。去年"旅游三十人论坛"提出美好生活从迌迌做起,闽南话迌迌很多人不认识,有人认为到外地迌迌是旅游,厦门文旅局接受此观点,今年 8 月用闽南话推迌迌,先让大家猜读音,之后推出全国体验师体验,再推出厦门好迌迌旅游体验场景,将好玩地方纳入产品,如惠和石雕园,推闽南话呷霸末、体验节气素食、功夫茶、中式茶点,还有无界艺术馆陶艺盛宴、海尼斯海边城堡。渠道为王时代未过去,在分享体验中传播。2021 年 8 月 26 日厦门秋季人文迌迌产品发布会,官网借力流量明星推广,如厦门旅行社带货大哥上线,有 1580.1 万人在线,姚晨担任形象大使,还有迌迌、呷霸末、博饼推广,发布"世遗文化"、"璀璨厦门"、"闽南美食"、"民俗体验"、"闽南艺术"等年度创新产品,借助王琳凯、袁弘、包文婧、王媛可、杨雨彤、边天扬等 6 位星推官,抖音线上观看量高达 9610 万人次。这次活动体会创新是永恒主题,厦门用闽南语迌迌吸引关注、聚焦,以"迌迌"、"呷霸末"、"博饼"为聚焦点进行话题营销策划。

三、明星助力与特色文化推广策略

明星是吸引人气的利器,没有明星肯定是不行的。当然不可忽视特色文化,特色文化既是吸引力,又是产品厚度,所以这一点很重要。此外,节奏,不停地推广,节奏是持续的关键。那么传播效果可以说非常好。所以刚才说了,发布会达到了 9610 万人次的线上观看量。这在厦门是第一次达到这么高的量。

四、引导力的持续性

最后一个问题就是引导力的持续性怎么办？从西安摔碗酒到重庆李子坝的穿楼轻轨，从不倒翁小姐姐到丁真。其实各地都不乏流量明星，但是这种昙花一现的网红打卡，如何才能将流量持续地转化到旅游经济上来，真正做到回归旅游本身？我觉得这是一个大问题。途家的罗军先生提出要重分享，我也觉得分享很重要，但是分享一定要让它变现。这是全国各地旅游城市和旅游从业者都应该思考的一个问题。

理论在旅游者行为研究中的作用

李芳轩[①]

一、理论的内涵要素作用

理论有两种解释,一是"逻辑相关、无矛盾、与时代领域相关的陈述、思想、概念按可检验方式组合的系统集合",即理论要逻辑自洽且与某领域相关,可由陈述、思想、概念组成且组合方式可检验。另一种更具象的说法是理论是一个或一系列关于变量间关系的陈述,研究中不管定量强调构面还是质性强调维度,都注重构面、构链、构念间关系,关系可以是一对多、多对一、多对多。理论主要有四个要素,第一个是有关概念,即 what 问题,思考研究对象时面临选择哪些因素解释现象的矛盾,很多研究从某个视角或基于某个理论,因没理论视角很难构建理论体系或解释现象,要考虑哪些因素解释现象。

现在找到第二个是命题和假设,量化研究用得多,即 hypothesis(假设)。找到要素解释现象,要素间关联是命题假设,是 how 的问题,要有机制和原理,选择要素因果关系背后的心理、经济或社会动态,还有边界条件,即 who、where、when,理论模型有适用性问题,不能用于所有研究,可能需裁剪或拓展以适用研究范围。以社会心理学中研究人行为的计划行为理论 TPB 为例,早期该理论只考虑态度和主观规范,后来纳入知觉行为控制,强调人想法受知觉行为控制影响。该理论考虑人决策中变量与行为意向和行为的关系,态度、行为意向主观规范影响行为意向,知觉行为控制影响意向和行为,构建出整体模型,适用范围是人做有计划性行为的状态。

计划行为理论可用于研究订酒店、餐馆、买东西等行为,是结合理论四个要素来讲的。理论有什么作用?做小尺度研究若没理论支撑,设计没好的理论基础,很多东西逻辑不自洽。理论是黑夜中的路灯,能照亮研究者需要研究的对象,让研究

[①] 李芳轩:海南大学旅游学院教授、博士研究生导师。

者聚焦特定事件或现象,在漆黑中它点亮前路,让研究者知道有东西可研究,对一个现象,1000个人心中有1000个哈姆雷特。

二、理论在研究中的选择与应用

选取哪些变量、因素、视角来思考问题,这体现了理论的重要性,它能帮我们聚焦思考角度和维度。前面讲的内容可能像定量内容,我定性和定量研究都做。定量研究需要理论基础和模型,质性研究中很多人忽视这一问题,设计访谈问题时很随意,这种做法不对。定性和定量研究都需要理论基础,后面会讲为何需要理论基础,以及为何期刊重视理论贡献,质性研究同样需要理论基础。

给两点建议,是教学心得与和朋友沟通所得。第一要在充分理解理论基础上选择合适参照理论。很多人做研究注重现象,找到现象就画模型,之后再找理论,这样做研究很痛苦。建议从理论视角思考问题,考虑纳入哪些因素、理论如何拓展,这样研究起来更舒适。一定要选择合适参照,很多人知道理论就随便选一个。比如研究价值共创,选社会交换理论就不合适,社会交换理论最早是经济学的,强调追求自身利益最大化的交换,在这种前提下价值共创很难实现双赢,所以要充分理解基础后选择合适的。

很多人浮躁,看 *Tourism Management* 上文章的理论就拿来用,知其然不知其所以然且不求甚解。更合理的方法是看理论早期从哪个领域提出,如何发展与运用,为何此时用于该研究是合理的。有这样的思考,研究就会顺利,因有分析文献能力,系统有拓展力。不要轻易使用扎根理论,若使用,要解释其必要性和合理性。

学生常以扎根理论回应理论缺失质疑,但需理解扎根理论是格拉泽(Glaser)于1967年在临终关怀研究中提出的方法,用于构建新理论。使用扎根理论应说明现有研究不足,明确为何选择此方法。理论贡献是国际期刊关注重点,国内旅游期刊亦强调理论贡献。

学生写论文时discussion(讨论)部分不会写,不会强调理论贡献。可从新理论思路想,量化研究可拓展新理论,质性研究可构建或扩展理论。可从新构面、新关系、新机制、新情境评价理论贡献。新构面很重要,主编拒稿意见也强调对知识的新贡献、知识溢出。新构面(new construct)或质性研究中的新创见(new dimension),看在现有理论或研究中是否有新构面,能否从新角度思考问题。

三、论文研究中的新关系新机制新情境与理论贡献

从新关系评价理论贡献。A 到 B 的影响被验证多次，再做意义不大，可研究 A 和 C、B 和 C 的关系，期刊可能喜欢。从新机制和新情境评价理论贡献。新机制要找到新的中介变量，不是用别人研究过的加到模型里，若发现 A 到 B 通过新的更好的 D 作用就很好。新情境包括调节变量，要做到意料之外、情理之中，若 A 和 B 关系因新的 C 调节而改变且可解释，这样的新机制和新情境是较好贡献。

理论贡献不止这些，从构建理论角度评价或写 discussion 有困难，可从这些角度思考，理论贡献有很多方式。找了具体实例梳理。2020 年 *Journal of Travel Research*（JTR）上刊发的香港理工大学陈楠博士和 Cathy（*Tourism Management* 主编）的文章 Resident Sentiment toward a Dominant Tourist Market: Scale Development and Validation（《居民对主导旅游市场的情感态度研究》），强调 new concept of resident sentiment（居民情感新概念）。在香港研究香港居民对内地游客的 sentiment（情绪），概念新，来自社会心理学。以前居民和游客互动研究多用 attitude（态度），attitude 较软，多强调支持与否、喜欢与否，是单维的。人的情感是多维的，sentiment 可有爱有恨、有联系、很丰富。将此概念引入旅游研究（香港对内地居民情感方面）贡献大，是新构面，以后研究 resident attitude（居民态度）可能会考虑用 sentiment 构面。

理论贡献或引用高是因新构面、新关系。2019 年 JTR 文章阐述新关系，以往研究难忘的旅游体验，该文强调沉浸感，VR、虚拟现实、数字能力发展下的沉浸感很重要，是难忘的旅游体验的重要维度，此前不知如何获得沉浸感及对游客行为心理影响，文章引入新变量和模型，结合沉浸感找到前置和后置变量，是新关系。文章也是典型的新机制，旅游中游客间互动影响旅游体验，此前有研究其影响，该文用的变量较好，找到感知熟悉度和感知聚合感两个新中介变量，将游客间关系揭示到新层面，找到新机制，感兴趣可下载文章。

写论文投稿就像卖产品给期刊编辑。找到新情境很重要，比如国际化相关研究，有从酒店或产业规划角度研究的，但有人从环境的流动性、完整性等角度看待环境条件对国际化前景和发展的影响，这是很好的新情境研究。我刚收到两个拒稿，期刊要求论文必须有新视角阐释现象或独特原因，对研究主题有不同观点，或整合想法、理论形成新思维方式。单纯在现有基础上增加中介变量、调节变量，或用新情境测试新理论，现在被认为不是有趣研究，是重复性研究，五六年前这样做可能还能发好期刊，现在会被认为没理论贡献。我自己就因理论贡献不够被拒稿，主编强调他们更倾向于新的构建概念，而不是过去研究中已验证或重复的内容。我

们要知道如何突出理论贡献。

四、学术研究的四种理论探讨方式

有四种方式可探讨。第一种是深化，在现有理论基础上增加新成分如中介、调节、前因、结果变量使理念更完整，量化研究仅简单增加变量发好期刊较难，质性研究在一个理念情境下深入挖掘拓展领域还行，硕士论文可采用这种方式。还有繁衍，从其他领域借鉴到新领域增加对新领域理解，旅游领域很多东西是繁衍来的，像旅游者行为借鉴消费者行为，消费者行为借鉴心理学理论，研究人的心理、行为能借鉴的理论多，工商管理某些组织可借鉴的理论少。然后是竞争，针对已建立理论提出竞争性理论，如TPB是在TRA基础上增加PBC而来，后来TPB解释力有限又有了MGB。最后是整合，在两个或多个理论基础上创造新理论模型，有时用一个理论研究问题会有解释不完整情况。

有的时候一些研究，看到标题有combine（多维组合）、extended（扩展）、integrity（完整实证），很多时候是在整合两个或多个理论基础上创造新理论模型解决研究问题。

评估和减少疫情下旅游流动造成的社会成本

李师娜[①]

旅游团流动造成社会成本，我们的研究侧重于旅游流动后当地居民的风险感知和社会成本。今天我结合这项研究和大家交流一下。

一、疫情下旅游城市社会成本的研究与分析

疫情下的流动会对旅游目的地和周边的社区带来公共风险，并产生一定的社会成本。第一个研究我们主要是探讨有哪些社会成本，主要是在哪些方面体现出来。第二个是居民为了减少流动带来的疫情风险，愿意支付的程度是什么？哪些因素又会影响到支付意愿。第三个是基于支付意愿，如何能够衡量不同旅游城市中疫情造成的社会成本。

为了回答这几个问题，研究选取了三个具有特色的旅游城市作为案例地，分别是武汉、广州和香港。针对收集的数据，采用三边界二分选择条件估值法，评估居民的支付意愿。最终量化三个城市的社会成本的总估价。

疫情下的流动，对比香港、广州、武汉三个城市居民感知的社会成本，大类上相似，有交叉感染、感染风险、防疫难度增加、物资紧缺、医疗压力增大等，细微处有差异。针对减少社会成本居民愿放弃多少利益的问题，估算发现中国三个旅游城市居民支付意愿估价均值均为300元，城市间无显著差异。当地居民支付意愿的显著性影响因素包括年龄、收入和旅游行业属性等，年龄方面年轻人比其他群体为减轻风险愿意支付更多，因年轻人对线上信息、社交媒体关注度和接受度高，对疫情风险感知更强烈。

[①] 李师娜：中山大学旅游学院教授、博士研究生导师。

二、居民支付意愿与社会成本心理账户

对比三个案例城市，香港和广州收入高居民愿付更多钱降风险。看职业差异，分旅游从业者和非旅游从业者，广州和武汉旅游从业者愿付更多费用降低旅游活动风险，香港从业者支付意愿低于其他居民。针对第三个研究问题，基于支付意愿估算每个城市疫情下旅游流动社会成本总估值。先产生需求曲线，从当地居民角度看对旅游目的地对策有效性的感知，分研究一和研究二。第一个研究用框架理论分析居民对减轻疫情期间旅游流动社会成本对策有效性感知，同样结果不同表现方法（积极和消极）下居民对政策有效性感知是否不同。第二个研究关注呼吁公众捐款和购买抗疫债券政策，分析心理账户和框架效应对居民在疫情期间降低旅游业社会成本支付意愿的影响。

心理账户影响人们对支出的看法，同样价值的支出因分类不同而有不同处理。双条件戏剧场景例子说明，丢失钞票时更愿补买门票，总损失 20 块钱；丢失门票时总损失 10 块钱，但不愿再买票。收入也可分为劳动性所得和非劳动性所得，人们倾向于花掉意外之财而非固定收入。政策制定者和营销人员需了解不同收入来源对行为意向的影响。

从 2020 年到现在，政府、社会募集疫情防控资金，公众通过红十字会等组织或其他渠道捐款，还有政府或组织公司发行的抗疫债券，部分债券利率远低于其他债券甚至银行利率，但很受欢迎，一发行就售空，人们购买是为帮助受疫情影响的个人和企业，抗疫债券与传统债券的利息差可看作抗疫捐款。捐款收入来源有劳动性所得和非劳动性所得。有 2×2 实验设计，涉及支付规模（低或高）和收入来源（劳动所得还是非劳动所得），共 4 种情况。研究假设有 4 个，针对研究一，第一个假设是捐款额度低时居民在疫情期间更愿捐款；第二个是运用非劳动所得时更愿捐款；假设三是当用非劳动性所得捐款时，支付规模对居民为降低疫情下旅游社会成本的支付意愿影响不大；最后一个是居住在确诊病例较多城市时，支付规模和收入来源的交付效应更强。

主要发现：与低支付额度相比，高支付金额显著降低支付意愿，如捐 100 块和 500 块，500 块时人们不太愿意捐；与劳动所得相比，用非劳动所得支付更愿意捐，可解释疫情债券受青睐现象；使用非劳动所得时，低支付金额和高支付金额条件下支付意愿平均差异比使用劳动所得时更小，即非劳动所得捐款时，捐多捐少都较愿意；城市间，比起香港居民，武汉居民的支付规模、收入来源、交互作用对降低旅游社会成本的支付意愿显著性更强，广州与香港的交互作用无显著差异，因武汉确诊病例更多，感知疫情影响更大，所以显著性更强。

最后是讨论和启示。心理账户会通过捐款捐赠影响居民在疫情期间降低旅游业社会成本的支付意愿,享乐框架的心理账户准则可解释,即小损失和大收益共同作用时人们更快乐。这是首次探索 mental accounting of framing(框架的心理账户)对游客态度和行为意向的共同影响。除呼吁捐款外,发行抗疫债券等方法可有效说服公众降低疫情下旅游流动社会成本、提供经济支持。

未来旅游：方向、模式与路径
——迷茫中的考量与探索

第五届『旅游三十人论坛』

为旅游赋能思想　给文化与市场力量

戴斌[①]

20 世纪 80 年代，我国的旅游业发展是以创富为导向的，旅游发展的指导思想、发展目标都是中央直接给定的，旅游业发展与国家战略紧密相连。由中国社科院的孙尚清先生牵头，集中了学术界和政府部门的力量，做了我国第一个高质量发展的社会科学基金课题，提出了"政府主导、适度超前"的发展战略，指导了旅游业很长一段时间。这曾是一代旅游学人的高光时刻。1999 年 10 月国庆黄金周以后，标志着以国民消费为基础的大众旅游时代拉开了历史的帷幕。从实践意义上看这个阶段有两个特征。一是需求的视角，就是大基数稳增长、低消费。2019 年，我国的国内旅游市场规模已经超过了 60 亿人次，但是人均每次旅游消费不到 1000 元，人均一年的出游时间不到 8 天。另外一个是从供给的视角，中央、地方、集体、民营和外资"五个一起上"，加上这些年的大众创业、万众创新，可以说市场主体的规模空前的扩大。

一、构建中国当代旅游发展理论

2018 年，随着文化和旅游部的组建，文化和旅游融合成为热词，各方面都发表观点和意见。一段时间以来，意见代替了观点，观点代替了命题，命题代替了理论，写手成了专家，专家则以学者和理论家的身份向业界言说。但是从学术研究的角度，规范严谨的理论建构成了舆论主导的名利场。

在文化旅游融合提出以后，我提了三个观点，第一，美好生活是文化建设和旅游发展的共同目标。第二，市场主体是文化和旅游融合的突破口。第三，大数据是文化和旅游融合发展的底层器件。当代旅游理论发展的建设过程也应该是与旅游业发展实践紧密互动的过程，特别是要用思想来赋能和价值引领，进而来推动旅游业高质量发展的过程。

[①] 戴斌：中国旅游研究院院长、教授、博士研究生导师。

二、强化旅游基础理论研究

强化基础理论研究，提升实践指导能力，推动旅游业创新发展。学术思想、理论成果发展，和学术研究、青年人才培养是相互关联的，但又不完全一致。那么在现有的论文中，我觉得解释世界是多一些的，当然并不是说这是不需要的，因为理论和学术首先是要解释世界的。对促进国民旅游权利实现和高质量发展，学术研究之上是不是要成为一个更高层次上的理论建构者，甚至是思想的引领者？

除了学术研究以外，对一些相对成形的阶段性成果，可以有意识地进行发表和传播，自觉地接受理论和实践两个方面的检验，不断地在发表的平台和阵地上丰富和完善，当然要去关注我们传统的旅游学术刊物，但是不是对一些理论刊物和一些体系外的刊物也要纳入到我们的视野，多一些推广的渠道和发表的平台。

要独立地开展一些面向未来的创新项目。哲学社会科学领域高水平的理论研究成果，并不是在书斋里苦思冥想出来的，是在市场一线和生产实践中干出来的。旅游领域中的学术研究和理论建设，需要我们用集体攻关的科研组织方式，重点去解决国家旅游发展战略进程中的重大问题和现实问题。哲学社会科学和自然科学之间的研究可能需要更加深度地融合。随着社会分工和专业分工的深化，让科技和理论工作者可以在越来越细化的领域中深化认识、生产和溢出理论。

三、建设社科研究的新范式

积极探索行业认可、学界认同和社会满意的新时期的哲学社会科学的研究新范式和智库建设的新模式。2014 年 11 月，国务院办公厅发布了《关于加强中国特色新型智库建设的意见》的相关文件。2015 年 11 月 9 号，深改组十八次会议通过了《国家高端智库建设试点工作方案》。在 2021 年 2 月 14 号，在中央深改委十二次会议通过了《关于深入推进国家高端智库建设试点工作的意见》。这三个文件是中国特色新兴智库核心的指导思想。第一，建设中国特色新型智库是党中央立足于党和国家视野全局作出的重要部署，要精益求精，注重科学，讲究质量，切实地提高服务决策的能力水平。第二，中国特色的新型智库不同于西方国家，它不可能也不应当成为特定利益群体的代言人，也更不能为特定的利益群体所蛊惑。第三，要引导舆论开启民智，讲好新时代的中国故事。建设新时代中国特色高端智库的人，首先要深刻学习领会党中央关于文化事业、文化产业和旅游业的重要论述，贯彻落实关于中央文化和旅游工作的重要批示指示精神。其次要深入到产业一线去，要倡导灵活机动的调查，深入细致的研究，要下决心改造我们的学风、文风和作风。

中国范式与国际主流：旅游研究面临的新挑战

吴必虎[①]

我和我的博士生黄珊蕙对中国旅游规划方面的上万篇文献进行综述，并用 LDA（Latent Dirichlet Allocation）的自动提取的办法，发现了 9 个知识域。总的来说，这些知识域非常广泛，涉及非常多的学科。中国旅游发展提供的古代的文化传统跟西方不一样，因为世界的知识体系历来就存在以罗马、希腊、欧洲为中心的基督教，然后扩展到新大陆这样的一个所谓的西方，或者欧美的研究。另外一个就是中华帝国长期以来，特别是自汉唐以来形成的汉字文化圈范围里的一种范式，这个是有传统的，如果稍微了解一下中国的哲学史，或者世界哲学史、世界文化史，大家就会找到这两个不同的通体。所以在这两种大的宏观力量制约下，一定会存在某种中国范式，但只是我们没有找到它而已。

一、中国语境下的旅游研究的模式

中国作为一个特殊的地理实验空间有它的优势。我们曾经做过一个研究，在 2001 年我发表《区域旅游开发的 RMP 分析——以洛阳为例》的时候，很多人将 RMP 分析当做类似于 SWOT 分析或者李克特量表这样的工具来进行使用，一个地方旅游发展中几个最关键的要素——资源、市场和产品，那么这三个要素三个关系应该说是千变万化的。为什么 RMP 分析能够有 349 个学术期刊用它来进行研究，有 250 篇学位论文用它做题目或者做关键词，说明它比较贴近在中国语境下资源市场产品的一种关系。尤其是中国有的产品外国没有，比如说大型的户外演出这种产品，欧美、西方基本上没有这么大规模的。而中国不管是张艺谋的"印象系列"，还是黄孝林的"给我一天还你千年"的模式，包括室内的沉浸式的各种产品。总的来说，RMP（昂普）模式这样的一个范式得到了广泛的应用。我们把所有利用昂普

[①] 吴必虎：北京大学城市与环境学院旅游研究与规划中心主任、教授、博士研究生导师。

模式进行分析的论文,做了一个可视化分析。大家可以发现在用 RMP 模式的理论进行研究过程当中,出现频率比较高的关键词就是 RMP 分析、IMP 理论、旅游产品、RMP 模式等等。其中 RMP 分析、RMP 理论、RMP 模式是基点比较大的,也就是说它是研究的热点,所以可以说 RMP 分析、RMP 理论、RMP 模式从 2001 年提出以来,到今天还是有不少人在用这个模式来做研究。当然这些研究比较集中的还是在旅游产品开发方面的一些视角。因此,我想 RMP 模式不是西方人提出来的,是中国人提出来的,在中国的语境下面提出一个具有普适性的理论是有可能的。

二、旅游理论研究切合产业发展

2001 年我们发表《大城市环城游憩带的研究——以上海为例》,这篇文章引用率为 1050。我这里着重介绍一下,它现在已变成一个学科研究领域了,大家可以看到我们团队做了不少这方面的研究,其中有个自然科学基金是华东师范大学副教授党宁博士做的博士论文,应该说把环城游憩带理论作为硕博学位论文的已经有 68 篇。许多的学位论文题目当中直接使用"环城游憩带"这几个字,少数的在题目中没有出现这几个字,但是在研究设计里面把它作为理论基础。譬如《西安市观光农业发展布局研究》这篇西北大学硕士论文就是把它作为论文选题的,通过可视化分析也会发现,环城游憩带和乡村旅游、城市化、旅游空间结构规划,以及很多咨询公司做的城市旅游规划当中,环城游憩带规划已经变成一个章节了。国务院发布的《国民旅游休闲纲要》当中,环城市休闲的概念已经进入到中央政府的文件当中。如果理论能够贴切产业发展,切合政府政策的制定需要,它同样可以有很好的政策影响力。当然我们也通过一些英文的文章,如我们在 2000 年和 2006 年分别在不同的文章里把环城游憩带理论向国际输出。

三、中国旅游发展的新理论探索

除此之外,最近几年还做了一些新的理论探索,比如说关于原真性人类学,王林教授做了很多很好的研究。也有不少文章对原真性的场景进行研究。但是我们在这个过程当中发现,中国的《文物法》当中有一条就是不可移动,文物毁损以后不得原真重建。我们做了一个恋地主义原真性的研究,从地理学角度来看建筑遗产的原真性。那么在这个基础上我们提出来恋地主义原真性,也就是说一个地方历史事件为什么在那发生?为什么黄鹤楼在龟蛇二山之间?保俶塔为什么在西湖边?六和塔为什么在杭州湾大桥的上面?它都有地理规定性。所以那上面有没有建筑?建筑是什么样子的？是哪个朝代风格的？这些都根本不重要，重要的是这个地方的重要性，所以我们提出了恋地主义原真性。我感觉这是在全世界的原真性理论当中，增补了一个新的视角，因为东方是砖木结构，保存时间比较短，跟西方罗马、希腊、英国那种石头建筑不太一样。所以除了国际上流行的客观主义原真性、建构主义原真性这些以外，根据中国的语境，有可能需要提出另外一种原真性，也就是我们说的恋地主义原真性。这种原真性在视觉当中非常重要，也就是说人们有一种原址的视觉体验和信仰的空间消费的需求，满足这种需求的理论就能够活下来，就能够有生命力。提恋地主义原真性的时候不是光提出的概念，我们系统提出了恋地主义原真性产生的机制，它是有双螺桨模型的，第一个是意义锚定，第二个就是文化沉积，这两种作用使得恋地主义原真性能够形成。

四、中国旅游发展的新范式研究

中国的旅游研究有范式。因为中国有史以来形成的哲学、伦理学科学的方法论都跟欧洲中心主义不太一样，所以我们从后资本主义批判看我们很多现有的语言，我们很多现有的话语体系是被西方洗脑以后形成的。不管从中国的科学艺术传统，从价值的集体主义、威权主义，从产权国有私人很难支配等等这些角度都像一种背景或者说一种客观的未来的框架。要有这种可能性，从管理、从消费、从空间、从政治、从经济、从文化这些纵向指标来看必然存在着中国范式。但是我们要认识到中国范式的重要性，要建立中国范式、中国旅游下的一些理论建树，如果这个理论光中国有用到了外国不能用是不行的，那说明理论还不具有普适性。一方面要强调知识创新，另一方面不能忽视国际化。

疫情三年来旅游市场主体与生产能力变化趋势研究

王德刚[①]

旅游业一直是整个中国经济的优秀生。无论是改革开放以来的 40 年，还是从 2003 年非典之后到 2019 年的 16 年，旅游业一直保持着高位的增长。但是疫情过后，马上从一个优秀生的身份变成了一个特困生，让我们更加清醒地认识到了旅游业自身的性质。第一是在疫情的影响下，旅游业实际上已经不能够按照自身的规律来发展，而是完全受制于疫情防控的节奏。第二是行业的脆弱性。第三是旅游市场主体缺乏韧性，防风险能力差。

一、旅游市场主体现状与问题

三年来旅游市场主体在数量、在生产能力上的变化，即使是有疫情的发生，但是连续这三年全国的 A 级景区仍然是每年以 1000 家左右的速度在增长。星级饭店总数持续下降，随着疫情的持续，星级饭店的数量在逐年减少。饭店的生产能力和经营情况，2019 年全国星级饭店的营业收入是 1900 亿元，2020 年是 1200 亿元，2021 年稍微好一点，有一点回升，到了 1379 亿元。我们再看生产能力和员工的数量，2019 年全国星级饭店就业人数是 106 万，2020 年是 75 万，2021 年是 69 万，就业员工在逐年减少。旅行社是一个特殊的存在，一方面是旅行社本身的数量随着疫情在逐年的增加，另外一方面旅行社的经营情况又惨不忍睹。2021 年旅行社有多少在营业，统计发现大概有 64% 的旅行社连续两年来一直是歇业从来没有营业，没有招徕过一个游客。尽管有 64% 左右的旅行社是在歇业状态，但是旅行社的数量在增加。二者数据是矛盾的，反映它的现状是矛盾的。旅行社的经营利润就不用说了，2019 年还盈利 43 亿，到 2020 年亏损 71 亿，2021 年亏损 53 亿。

[①] 王德刚：山东大学教授、旅游产业研究院院长、管理学院学术委员会副主任，中国旅游协会副会长。

高位增长的后遗症，也就是说前些年旅游企业数量在增长，旅游产业的规模在增大，它们的产出在增加，一定程度上来说并不是因为企业自身的经营能力多么强，而是由于市场造成的。我们有一个非常巨大的国内旅游的消费市场，拉动了企业的增长。但是反过来我们再回过头看一下市场主体情况，商业模式一成不变，景区、饭店、旅行社三大领域的商业模式几乎没有发生多大变化。先进技术应用落后，在一定程度上旅游业对以现代信息技术为代表的这些技术的应用还落后于农业，产品更新之后服务质量下降。所以前些年对旅游市场主体而言，就像温水煮青蛙一样，高速增长和巨大的市场需求，造就了一个低垂果实的旅游时代，也造成了社会（包括主管部门和旅游从业人员）对旅游业的认知的缺陷，市场主体的创新意识、自我更新能力都比较缺乏，就形成了目前这样的一种客观的状态。

旅行社这个行业，从托马斯·库克创办那一天开始，旅行社商业模式至今没有发生变化。即使是没有疫情的影响，旅行社的市场也在开始走向去旅行社化，目前仅存的就是老年市场和研学市场，这是旅行社的状态。酒店行业，非标准化住宿业对星级饭店产生了新的挑战。民宿改变了传统酒店有统一的载体、集聚经营等这样一种基本的服务样态。住宅租赁酒店颠覆了传统酒店重资产经营的商业模式。正是因为非标准化住宿业的存在，而且是快速地增长，甚至是野蛮地增长，对传统的标准化住宿业产生了挑战。互联网移动终端的应用，实现了酒店产品的泛在化的预订，但是传统的酒店只有个别的酒店实现了数智化的转型，所以它在先进技术的应用方面是落后于农业的。

二、景区商业模式变化分析

景区行业的商业模式也在发生变化，一方面是因为全域旅游促进旅游场景由景区向社区转型，另外一方面是政策的驱动。从 2018 年开始，发改委每年都出台文件要求国有景区降价，甚至免门票，就是强调它的公益性，这样就导致了绝大多数的国有景区出现了大面积的政策性亏损。中国最好的景区基本上都是资源转化型的国有景区，要么是性质转型，由现在企业转成事业，要么是商业模式转型。其他的生产力要素，比如说员工素质，老员工、熟练员工离职，导致整个的旅游行业的员工素质下降。生产资料，我们的设施设备缺乏有效的维护，特别是温泉酒店疫情后再重新开业，要投入大量的人工和物力来进行管道的清理，类似这样的设施设备得不到有效维护。生产资料慢慢地整体的水平是在下降，管理营业情况不好，管理懈怠，管理缺位，造成整体的管理和服务水平下降等。

从本质上来讲，旅游业目前已经进入了一个技术升级、产品迭代、商业模式更新的新的时代。疫情仅仅是提前和加速了旅游业的蝶变和自我淘汰的进程，所以我们看到部分的传统领域，传统的业态已经沦为落后产能，整体来说旅游业低垂果实的年代已经终结了。疫情的确是加速了旅游业自我淘汰的过程。疫情让旅游业元气大伤、生产能力下降，会相对地延长技术升级、硬件改造和优质供给的周期。

面向实践的工商管理与旅游管理研究

白长虹[①]

党的二十大提出的中国式现代化具有统揽性，未来我国社会科学围绕着这样的命题，有巨大的潜力和机遇做出更多的探索。

一、建立现代的产业体系

现代产业体系的特征包括创新性、技术水平、应用性等等。然而文化旅游这个领域其实是可以有产业的特殊贡献的，基于共同富裕的指导思想，企业应该怎么运营，产业应该怎么建设？

智能时代的商业形态突出两个特征，第一个是网络协同效应。"协同"这两个字因为有了网络而变成了普遍化，不管你要不要它都在协同中，只不过你在协同的什么节点上。第二个是大量的海量数据，网络上所有的东西都会产生数据，如果借助于算法的支持，产生了学习的能力，就会变成一种智能化的东西，这就可以构成为资产。所以一个企业包括一个独立的个人，所拥有的数据资产，所拥有的网络协同当中的节点角色，都会大大助力不管是个人创业，还是庞大的大企业。在今天新的商业形态下，以旅游业为例，像腾讯这样的企业一旦进入，它为什么能快速地占据优势？就是这两个效应它最强。它不是最懂旅游的，但是它确实是在这两个效应当中最强的，它的学习效应，它的数据，快速地让企业变成行业里头的巨无霸。

二、数字时代的消费新势力

年轻人是天然的数字居民，数字化消费不完全是功能性的，所有的消费选择当中都有符号意义，都有自我表达，这就是全新的特征。这个人群早就生活在虚拟世

---

① 白长虹：南开大学商学院院长、旅游与服务学院创始院长、教授、博士研究生导师。

界当中了,甚至今天在虚拟世界当中用的时间,花的精力,那份沉浸感都超过现实世界。虚拟世界丰富了文旅消费的内容,年轻人会把虚拟世界带到实体,这种交流全都是目的,全都是消费内容,就看价值创造的过程怎么样,也因此未来带来的绝不仅仅是工具的意义。它是一种全新的生活方式,社会的生活方式、产业方式、经济结构,是全局性的一个变化。

数字已经带来了很多变化,它弱化了空间,凸显了时间特征,所以旅游过去更强调空间消费,今天是时空消费。由于有了数字技术的支持,所以今天倡导的人文关怀,比如盲人可以用语音解说,体验感也会更好。整体的价值事实上是可以借助于数字文旅的发展有很大的提升,也因此才构成今天的虚实集合。数字化的模式的产品创新、业务创新、组织创新,时空的融合、体验的升级所构建的全新领域,我们确实是需要超越单一的旅游学科、单一的工商管理、单一的技术,需要多学科共同来研究这个现象。其中游戏、文旅是这方面的先锋。虚实结合的主题公园,光影技术能够把一个大的会展、大的活动进行集成。像敦煌、故宫都是最早的在世界范围内运用数字技术实现了背景故事人物的集成。

三、高质量发展与幸福产业

换一个角度来认识幸福产业的价值。它有组织问题、空间问题、就业问题、治理问题等等多主体。今天的产业在探讨它的特征的时候,它也面临着新变化,数字时代的变化,以及与绿色经济、生命、科学、环保等不同产业产生交互影响。幸福导向就是高质量的发展。从旅游学者的研究,关注人的价值,人的感受,人的体验等等这样的一些主题,回过头来放到所有的商科,那么多的产业的发展当中,倡导共同富裕之下,倡导一个全新的以人为本、全民共享的社会,我们的经济应该怎么办?确定我们的产业应该怎么办的时候,这就是一个很好的切入角度。

幸福产业本来就面向实践。面向实践有一个问题,就实践来说有一个特征——实践智慧,它有些是属于显性知识,有些是默会知识,是需要学者给予学理的解读,进行译码的,从而产生出中国式管理和中国基于实践智慧的理论创新。我们选择了重庆、西安、杭州这三个城市,然后发现用旅游单一学科的管理研究这样的问题其实难度挺大的,因为它不是一个单一的游客的问题,政府的政策环境、行业、市场主体,甚至居民姿态都身涉其中。通过这样的案例的深度挖掘,我们找到了一些规律:幸福产业的高质量发展取决于目的地整体,即由政府、企业、游客、居民构成的整体。研究者需将其间的组织引领特征找出来。三个案例城市也有一些共同的特征,那就是文化契合、管理柔性和技术摄入,这三个其实大家是共同的,只不过不同的是它的组合情况不一样，于是形成了不同城市各自的模式。

总的来讲，探索中国情景教学，核心思想，做研究也主要做实证，既有的理论，特定的理论当中，探究在中国情景下、中国文化下有什么新现象。案例研究当中，第一个是理论模型不要太复杂，第二个就是证据链要收敛。互相之间你的所有发现是能够互相印证的，关键的证据不能缺失。案例研究是大量的现象观察、阅读材料的分析，要有一种信念去捕捉材料之间的联系，去洞察深层的机理，将最基本的共同的规律找出来。

以需求端驱动旅游供给侧创新，助力中国式现代化建设

刘静艳[①]

旅游从最早的个体游憩行为发展到成为一类产业，我们从国家战略这一层重新审视一下旅游供给。

一、旅游助力中国式现代化建设

第一，中国式现代化是物质文明和精神文明相协调。针对中国式现代化，红色旅游就应该充分发挥它的作用，传承红色资源，培养理想信仰，传承中华文明，助力培养担当民族复兴大任的时代新人。红色旅游应该有更深厚的文化内涵或者文化目的。

第二，中国式现代化是人与自然和谐共生的基本。在中国式现代化的进程中，生态应该扮演非常重要的角色。绿水青山就是金山银山。在这个过程中应进一步深化生态旅游的价值，强调生态价值观对于旅游发展的价值。

第三，中国式现代化是走核心发展道路。旅游者是需要教育的，尤其是在一些特别的场景中。在一般性的教育类场景中，提升纪念馆或遗址类旅游的教化功用，具有深远教育和纪念意义。

二、新生代是旅游消费主体

青年创造美好，一个民族只有寄望青春，才能永葆青春。在更多关注消费端，或者说是需求端的时候，需要把大量的相关重点放到新生代群体上去。生态旅游也是如此，新生代也是主体。他们有很强的对技术，对互动，对于意义，对于价值的

---

① 刘静艳：中山大学教授、博士研究生导师，中山大学管理学院副院长。

参与感，他们也相对都受到了非常好的教育。在供给侧方会发现还是有一些不尽如人意的地方。比方说景区相对比较同质化，大多数的纪念馆、展厅、讲解多是默诵式的。经济水平相对比较低，交通抵达性不够好，展出的形式比较单一，比较缺少实时互动，有的过度翻修损失历史的色彩。游客没有办法真正地融入到这个展品带来的意识性的传递，不能够真正地达到情感的认同。但是也有做得非常好的例子，是结合一些新的技术进行一些新的变化。

新生代本身受到良好的教育，对于环保的要求相对于之前的时代要高。而且他们也比较有在场感，也比较有积极性、自我性，他们能够自发地产生一些绿色创造。通过这个研究你会发现当两个水平都高的时候，既有精神激励又有物质激励。但是我们发现当你的精神激励水平比较高、物质激励水平比较低的时候，绿色的内在就具有一定的作用，这个内在动机怎么样能够激发出来，这就跟我们说的组织的氛围之间有关系。供给侧能不能在意识进化价值引领方面多一些思考，也就是说我们需要有定力。这个定力是什么呢？就是一切围绕长期价值。

三、总结

新生代与爱国情怀。他们关注内容，关注意义，关注为什么，数字化水平非常高，他们关注参与，关注互动，关注在场感。所以不能简单地迎合满足，因为这个时代太多元，需要引领，需要创造需求，就是价值引领性的需求。当我们到一个红色旅游点的时候，你会发现我们看完了就走，仅一次接触是远远不够的，需要有一些延伸性的迭代性。红色旅游不是说到那就算了，我们应该组织一些现场的互动活动，红色旅游还是需要有更多的引导。

没有成长的增长！区域级旅游目的地的相对衰退

孙九霞[①]

旅游产业到底是升级还是降级，的确在整个学界的思考中存在着不同的声音。我觉得事实上总体上来说中国旅游业有一个整体的升级。比如旅游已经成为人们日常化的实践和惯性化的选择，所以它已经成为全民的现代化、现代性的一种生活方式。另外，人们对品质生活的要求提高，对旅游的品质期待也有所升高，人们的需求也越来越多元化。

一、旅游目的地的发展现状

首先看到的是目的地层面，具有全国市场吸引力的高等级的目的地在飞速发展。当然也不是说全部目的地都在飞速发展，但整体发展趋势是迅猛的。新疆虽然现在独库公路之类的线路特别热门，但整个目的地的供给方有降级，包括市场结构也是有降级。虽然大尺度的远程的目的地，已经出现了降级的情形，但是它被这种迅猛的发展势头给遮蔽了，表面上看到的还是发展。另外中小型的目的地和它的降级我们能不能看得到？相对于需求增长的速度，相对于国家级目的地的发展，它们之间的差距在拉大，而且比以往拉得更大。这就是为什么要讨论这样的一个话题。现在的需求已经越来越多元化，既有传统的，又有现代的，还有后现代的，是各种各样需求的叠加。但是这个需求所错配的就是目的地供给的低端化。

例如，在广州你会觉得五花八门的东西都被砸入在这个地方，你不知道这是一个什么样的所在，那么这样就会出现一种没有发展的增长。这种增长状态没有精致化的投入和经营，所以我叫它"没有成长的增长"，它不是简单的发展，它没有成长。这里面事实上存在着非常强大的一种个体理性和集体理性的矛盾。对区域级的

[①] 孙九霞：中山大学旅游学院教授、旅游休闲与社会发展研究中心主任、博士研究生导师、珠江学者特聘教授。

目的地而言，它们其实已经维持了几十年公共性的投入，但是这种投入的果实却被少数人所隔绝，出现公地悲剧，公共性都不够，但是对资源资产和品牌形象的攫取又是过度的。这里就导致了一种自然生态破坏、产品体系更新停滞、形象美誉度下降的目的地的一种新式的"公地悲剧"。

二、沂蒙山困境及建议

沂蒙山区是一个当之无愧的红色旅游地。在历史上，"孔子登东山而小鲁，登泰山而小天下"（《孟子·尽心上》），这个东山就是蒙山。在这里发生的孟良崮战役是军事史上的一个奇迹，在解放战争中留下了浓墨重彩的一笔。习近平总书记曾经说沂蒙精神是跟延安精神、井冈山精神一样的，把沂蒙精神放了非常高的高度。所以这个目的地的级别也很高，是国家5A级景区，也是国家森林公园、国家地质公园，甚至还是世界地质公园。但是我觉得它的早期仅仅是个区域级的目的地，现在就更加降级，成为一个区域性吸引力的山岳型旅游目的地。

在早期沂蒙山独特的旅游资源使得它在山东以及周边省区占有比较突出的优势，它的自然和人文的本底好，政府主导下的开发也使区域经济的水平开始提升。经过这样的发展，沂蒙山区现在的经济已经有了长足发展，比如说超过几十万的温州商人在临沂市定居，他们的孩子在那里读书，他们说着一口当地的沂蒙话。但同期国内各种各样的中小尺度的目的地也在不断发展，也呈现一种待开发的景象，这里其实攫取的是一种流量的福利，大家都在发展。

现在旅游市场依然在相对稳定地扩张，业态的升级步伐却停滞了。一方面市场在扩大，但是供给没有升级，尤其是疫情之前。景区十六七年前的样子和现在一模一样，甚至让人觉得为什么这样的地方还唱着过去的歌谣却还不如过去。所以当同期国内的一些目的地开始出现了转型的时候，沂蒙山就显得相对的衰败了。就沂蒙山区的表现来看，景区经营性的资产项目其实不多，核心景区的盈利能力弱。项目的问题在于没有追随需求变化的体验性的消费性项目。还有人均消费的降级也是景区降级的体现。

另外，沂蒙山在市场的吸引力也出现了收缩的状况，现在大量地出现了"临沂人游蒙山"。临沂应该是全国地级市的体量中排名前三的，它有过千万的人口，并且从第七次人口普查的数据来看，它依然有人口红利。临沂市本地人低端化的消费的一种满足，挤出了外部的市场。

那在沂蒙山的投资是不是都是好的？事实上沂蒙的发展也有投资带动的。比如说山东文旅给景区投资10个亿，收到10个亿之后貌似显得高大上，玻璃墙、栈道、索道之类的设施都有，但是这样的东西被大量建设之后，我觉得不能让人留下来。所以我觉得这是一种资本的暴力，这种资本的暴力使景区有一种非常强烈的优越感，觉得蒙山是最好的。在旅游业最好的时候，这种优越感，自我对成功的满足是觉得我建得很好，但是建得好，经营得好不好？游客能不能产生重游？能不能产生口碑？他们可能就不再去考虑了。所以这就出现了大资本的纵身一跃。但是同样是大资本，国有资本还能把它建好，善始善终，但是这个终究只停留在建设上。还存在大量的烂尾项目，民有资本想在旅游中去占地，但问题是没有圈到，没有圈到的情况下就导致烂尾。

这里面有一种非常强的市场主体和公共部门的无为无可为。一方面投资者的投资目的不明确，以为投资的是旅游，但事实上他要的是条款签订对旅游资源的占用和垄断，市场整个的供给其实是没有什么替代性产品。山东的旅游市场虽然说在经济上可以跟随在广东和江浙之后，但问题在于产品的供给创新差太远了。所以这个供不应求，不是供不应求，是不应求而供给，供给的不是求所要求的，不是市场需求所要的。公共部门没有考虑到空间，比如说各种限制条件的保护，还有国土资源的保护等等，但同时这些部门之间除了无为也无可为。还有另外一个最大的问题，开发与治理主体的动力和能力错误。另外，投资主体的投资意识是很强的，但是行业认知非常弱。这些都导致负外部性的叠加，导致了目的地的整体衰退。这里管理体制的混乱，也制约了产业升级。

如何让蒙山摆脱现有的困境，迈上高质量的旅游发展？蒙山的问题很典型，但是我们要警惕这种增长陷阱和虚假繁荣。目的地要在多层次上实现高品质、同享性和可持续性的高质量发展，要从区域层次、产业层次、企业层次和社区层次上来获得，让整体迈向高质量发展。要跳出区域级目的地的魔咒，当下最重要的药方是要实现人的成长，包括最有权力的人和最无权的人，最低端最底层的人群民众。最有权力的人对旅游一无所知，还要管得又细又微，不听行业部门的，不听专家的。所以要抓两端促中间，各式各样的人才都需要成长，伴随人才成长的还有理念的成长。

从旅游到微旅游、虚拟旅游：
旅游理论建设的几点思考

谢彦君[①]

微旅游和虚拟旅游到底是不是旅游这样一个问题，实际上是针对旅游定义当中的"异地性"所提出来的一个质疑。微旅游、虚拟旅游这两个术语的提出对旅游既有的理论有什么冲击？它是否已经构成了和我们原来的旅游的概念的张力或者是冲突？如何消解这种矛盾或者这两者之间的张力，最后完善旅游基础理论建设？

一、新冠疫情带给旅游研究的思考

新冠疫情给旅游业带来严重的打击，很多的从社区到地区到城市静默状态下，微旅游和虚拟旅游概念所对应的那些现象就被人们关注到了。虚拟旅游，在《旅游科学》里1999年的时候就用过，而微旅游这个词也出现得比较早。虚拟旅游和虚拟现实、旅游体验、VR技术、在线旅游、镜像体验等等产生了密切联系。微旅游也在这期间受到关注。由于新冠疫情的影响，在科学研究方面，在进行知识探索方面，出现了一种汇聚现象或者集聚现象。

微旅游虽然最近这几年才被广泛地注意到，但是这个词也是有10来年的历史了。早期它实际上不是一个学术概念。2012年魏小安教授的观点是微旅游已经具备了基础，一是消费者行为变化，二是观念变化，三是产品变化，四是渠道变化，最后是综合性的变化。这些变化导致了微旅游将是一种新型的很受欢迎的旅游形态。这两个术语的出现，也就带来了对传统旅游概念的一种质疑，一个理论问题自然而然地浮现出来：旅游、虚拟旅游和微旅游这些概念之间到底是什么关系？虚拟旅游是不是旅游？微旅游是不是旅游？在定义旅游的时候，把旅游放在体验的框架里，

[①] 谢彦君：海南大学旅游学院教授、博士研究生导师，文化和旅游部中国旅游研究院旅游基础理论研究基地首席专家。

也提出旅游体验这样一个范畴。那么理论概念和领域性名词之间的分野和它所占的分量也是这40年来旅游研究形成的大体的格局。这些关键词在某个历史阶段，扮演的主要角色或者被关注的程度，明显地呈现出一种逐渐推移的状态。最近，一些理论概念开始上位，开始被关注被引用。这当中也有扎根理论，它实际上是一个方法，那么它从出现一直持续到现在，也就是十年，它一直备受关注，这也说明这种方法的长久生命力。还有将来的一些理论概念，只要它对现实具有解释性，那它就有可能持续的时间比较长。

微旅游、虚拟旅游概念的出现是对我们上面的旅游的定义或者理论的消解。微旅游实际上是保留了暂时性，可以对应"休闲"、"余暇"的概念，但同时也使得它本身和休闲没有什么差异。那么微旅游彻底消解了异地的内涵，而这就使得我们原有的对非惯常环境、旅游视界以及我们对游客的寻求穿越感这样的一些追求，在这个范畴里边就被消解掉。而且由于上面的这个原因，微旅游事实上也在很大程度上消解了体验的内涵，是微旅游对旅游体验理论的一种消解，但是它的消解也是由它自身在含义上的规定性限制了其消解的可能性。

虚拟旅游也一样，除了消解"异地"和部分保留了"暂时"之外，它在很大程度上置换了体验的内涵，不能够形成对我们体验视角下的旅游定义的真正的消解。可以说我们认为微旅游、虚拟旅游和旅游，它们指的是不同的现象。微旅游接近于或者几乎等同于日常休闲。即使它用的是旅游资源、旅游产品，但是由于它已经没有了异地的旅行这样的一种必要性，以及这种旅行所带来的异地感、穿越感、好奇感。所以说微旅游和日常休闲更接近，它和旅游更远。虚拟旅游和微旅游还不一样，微旅游是在一个存在的时空里去休闲。但是虚拟旅游虽然人在屋里打游戏宅在家里，但是实际上体验的环境是在一个虚拟空间里，因此它本质上就是一个网络游戏。还有一点就是只要接受了体验论的旅游的定义，那你就不能够再认可虚拟旅游是旅游，这是一个科学哲学的问题，也是个逻辑学的问题，实际上是个很简单的问题，不应该在日常的学术交流当中导致混淆。当然也不是说对微旅游所指的那个现象不重要，虚拟旅游概念不重要，但它的重要是由另外一些学科去研究，比如说日常休闲、休闲学或游戏体验，一定会有很多的学者、产品开发师深入地去研究它，但是那不是我们体验论下的异地旅游学者所需要关注的，我们所要关注的是怎么样制造出一个有穿越感、有异地感的旅游产品。

二、微旅游的界定及概念构建

第一个思考是微旅游、虚拟旅游与休闲的研究边界是什么？微旅游等于是一个在休闲社区里边发生的现象。它属于典型的本地休闲体验，微旅游可以和休闲等价对待。虚拟旅游就是一个随地休闲体验，在哪个地方都可以，拿个手机也可以，拿个电脑也可以，坐在空房里也可以，坐在景区里边也可以，在哪里都可以，它是随地可以休闲的。而旅游社区或者旅游共同体，就必须强调它是一个异地休闲体验。异地休闲体验构成了一个非常独特的现象，是旅游学研究的一个对象。目前来看旅游体验论下的对旅游的研究应该集中在异地的休闲体验，其中 A（休闲社区）、B（旅游社区）、C（游戏社区）三个是本来就很清晰的社区，现象明确，然后相应的研究的理论归属、性质也应该是明确的，但是它们三个社区之间相互结合的区域是受到相互干扰的，而现在应该是最令我们困惑的糊涂的是 ABC 三者交汇的 O 这个地方。但是经过我们这样一番解释以后，也不应该再产生什么困惑了。

第二个思考是我们锁定异地的意义到底有多大？就是在旅游研究当中非得要强调异地到底有多大的意义？这些概念它所标志的这些现象，就是旅游探索的重要的时空存在，这是从知识生产的角度。从产品的生产者，也就是从企业，从行业这个角度，会全力发掘那些具有异地感、穿越感、新奇感，还有其他的感觉的一些旅游资源。但是异地感、穿越感是最主要的，也是全力要打造的旅游产品。这是对现实的一种意义，包括知识生产，包括知识应用的价值。

还有一个思考是对于理论信仰问题的辨析。实际上就是对任何概念命题理论的理解都涉及假定前提的问题。学术界应该致力于理论的构建、概念的澄清，以便逐渐消除学术交流上的一些困境。

旅游是以获得愉悦为目的的异地休闲体验，其中包含了三个到四个最关键的范畴，它们之间的交叉或者重叠，构成了我对旅游的理解。按照这样的观点，很多具有愉悦体验潜质的一些存在都可以变成或者异化为旅游景观。于是像旅游化、景观化和可体验化这样的一些对实践有指导意义的范畴或者是命题，都可以为实践提供一些参考。

地方文旅项目品牌推广和 IP 打造

赵书虹[①]

基诺山景区通过旅游产业发展和"旅+农"的模式实现脱贫的案例纳入了中国共享案例中心。因为基诺族是中国第 56 个被命名的少数民族,也是为数不多的直过民族,它直接从原始社会进入到社会主义社会,因此它的发展更值得我们去关注和研究。

一、地方性文旅项目的品牌独特性打造

作为文旅项目,在品牌启动之前,首先应该完成品牌定位。品牌定位是基于对消费者需求的洞察。在文旅项目的品牌定位当中,要能够体现大众共享共用、共娱共乐的风范。过去参考的群体大多是网红来种草来代言文旅项目或者文旅消费的这些实物或者服务。但在现在的成熟旅游市场当中,文旅消费的参考群体应该更多地包括专家的代言,以更权威的方式来解读和引领更多更深入的文旅消费体验,或者是时尚引领者和网络引领者。

其次是品类决策。有很多在原来的业态基础上衍生出来的新品类,先要确定它是否是新品类,然后给它确定一个参照系。在品牌的推广和塑造过程当中,确定参照系里面,最现实的路径是要以熟育生,就是借助当今最时尚的消费者最喜欢的也广泛认可的一些文旅项目,来和我们今天的新产品、新业态、新项目来做一个对照,这样就可以缩短消费者和新产品、新业态、新项目之间熟悉的周期。还要确定品牌差异点或者创造品牌差异点。在腾冲的银杏村,品牌差异点打造了"童游经济",关注到孩子,而且把中国童模大赛的决赛拉到银杏村的现场,它的背景、它的气候、它的整个现场的嘉宾以及关注研究参与旅游的人群与以往不一样了,这个

[①] 赵书虹:云南大学工商管理与旅游管理学院副院长,云南省"万人计划"教学名师,中国旅游协会旅游教育名师。

品牌就出现了值得传播和关注的差异点。

再次是打造自主品牌，特别是地方性的文旅项目，一般都会有自主品牌，更容易凸显品牌定位的独特性。一方面可以基于民族的文化传承，挖掘传统文化当中的精髓；同时还可以自主来运营，找一些匹配当地整体发展实际的商业模式，来直接面对本地市场和跨省跨国的市场来做自主的特色文旅品牌。

最后，运用 attribute rank 的模型把相应的指标（它会涉及这样的几个一级、二级和三级指标，包括品牌识别、品牌记忆、品牌形象、品牌功效和品牌体验）发给 n 个备试，把主要竞争对手在这个方面的打分权交给测试，一般是由文旅的消费者来打分。在第一个 cube 的立面里面就会有算数平均，就可以很清楚地看出每一个指标里面各个被试项目的表现如何，在消费者心目当中的排序如何。经过综合考量之后，就知道在哪一个目标市场或者哪一个目标客群当中受到的认可和估值更高。应该着力整合品牌资产，来打造在市场中更突出的一种品牌定位。品牌定位实际上是要带给目标客群价值，也就是满足他们的利益诉求，以此构筑手段目的链，在属性和利益以及功能当中构筑因果关系，在此过程当中形成和其他文旅品牌、文旅项目之间的差异化。

比如云南的一条精品旅游线路上有这样的三个地州，其中像大理和丽江是大家非常熟悉的，大理的品牌宣传口号是"风花雪月"，主要是它的自然人文景观，然后同时还有"自在大理"，主要讲的是人们在这里的一种休闲度假体验。而且大理也是一个历史文化底蕴非常深厚的旅游目的地。在这个过程当中，真正落地体验应该是"自由自在"。去年开始，大理又推出了"最佳表白地"的新定位。"最佳表白地"的主要定位就是围绕两个人来设计的。不仅有这样一个文旅品牌的宣传口号，下游产业链当中还包括表白产品、表白软硬件的提供和表白产业链的运营管理团队都相继出现。项目已经持续三年，每年都在"5·20"这样一个数码节庆当中成为最佳的旅游目的地，它的消费也一直居高不下。在这个情况下，品牌就明显地区别于其他同样非常有竞争力的旅游目的地项目。

二、品牌定位与 4P 框架落地策略

要实现品牌定位，除了最初做的品牌定位战略之外，还需要一个落地的 4P 的框架，包括宣传推广、实体展示、地点和定价。在基诺山实体演绎的核心是它的国家级非遗大鼓，因为基诺族相信他们是从大鼓当中走出来的民族，大鼓是他们的图腾，所以他们的大鼓被中国民族博物馆永久收藏。而这个应该是品牌的 IP，也是品牌的一个核心。

在文旅消费的调研当中，发现有两块消费是有巨大提升空间的，一个是休闲娱乐文化消费，另外一个是餐饮消费。很多文旅项目带得走的只有记忆和体验，但没有能够看得见、摸得着、尝得到的东西的话，实际上品牌也不够落地。因此最接地气最有烟火气的实际上是把餐饮的品牌消费打造出来。一方面体现民族风情，另外一方面能够用虚位刚性和历史遗存来体现出地方特色。

在品牌更新的阶段，一个品牌在生命周期进入成长期之后，必须要不断地推陈出新。一方面是品牌名称标识符号标语的更新，另一个是要扩大它的市场流量。建议消费者在更广泛的使用场景当中来进行文旅产品的消费。《国家宝藏》第一季、第二季的播出，实际上就把博物馆的使用场景和它带给消费者的文化旅游体验的可能性扩展到了无以复加的程度。纪录片一经播出之后，特别是第一季播出的国家一级博物馆就成为当年暑期很多中小学生去研学旅游的网红打卡地。在这个过程当中，他们不仅获得了普通的博物馆可能给到的阅历和知识的扩容，更多地是把文化和旅游叠加在了一块，丰富了他们的研学旅行，提高了研学旅行能够回馈给消费者的完整顾客体验，同时还可以进入新的市场。有的文旅项目在单一的或者原来主要的客源市场当中已经成为过气品牌，但对一些新兴的客源市场来说，它依然存在着吸引力和魅力因素。

品牌强化主要是通过品牌的传播来进行的。在品牌传播里我们要进行终端的决策，在文旅项目的品牌传播中，我们要关注 Z 世代、X 世代和 Y 世代，他们通常习惯使用手机终端，更多的是使用自媒体。在终端决策里面，一方面要看终端渠道被主流消费者群体选择的可能性，另外一方面要看它的影响力，同时还要在终端来造氛围。在品牌传播的过程当中，我们更多的是要多媒体来建构品牌传播矩阵。现在的文旅品牌传播，自媒体占到了总量的 81%，而大众媒体在矩阵当中发挥作用的比重是在下降的。还有一些非媒体，比如说高铁，高铁的车身和等待线的空间都可以作为品牌传播的主要渠道，而且高铁沿线也是我们必须去关注的进行文旅品牌项目传播的节点。当然还有企业自媒体和官方的网站自媒体更有公信力、更有说服力，同时也便于将企业的文化品牌的理念，对内部进行自上而下的贯宣。在品牌传播的过程当中，除了品牌传播渠道的整合矩阵，我们还应该撬动的是品牌杠杆，包括代言人，还有国家区域。

最终是为了实现品牌长青，在品牌的资产当中，最无上限的资产或者是支撑要素应该是文化。通过塑造品牌的文化，讲好品牌故事，建立实物的体验和展呈，像品牌博物馆，来打造其中的英雄人物。这个英雄人物并不虚拟，它是实际来创设或者引领这个品牌文化项目走向未来、发展变迁的这样一些人物。比如今年云南省的二十大代表当中，有一位少数民族妇女代表在北京引起了关注，因为她是唯一一个背着吉他去北京开会的女代表，她叫李娜罗，她来自云南的茶山。她无私地奉献出100多首原创歌曲，带领她的村落小到3岁大到70岁的80多人成立了一个演艺公司。而他们的大型的歌舞和吉他弹唱，也引发了广泛热烈的反响。在过去的几年当中，他们通过这样有民族特色的演艺产品，打造了非常有特色的乡村旅游目的地。这样的人物其实就是品牌文化当中应该极力去推荐、去塑造、去引领的人物。当然也可以在线来创造品牌社区，现在的携程里面就专门有社区，它虽然是虚拟的，但是在这个品牌社区里面有着共同偏好和需求的人群，他们会就一个文旅项目进行一种高热度的、高频度的、零距离的、可以完全触达的交流，就使得至少在这个品牌社区里面，我们的文旅品牌项目是能够有高可见度的。

三、文旅IP构成与推广策略

IP推广，IP，特别是文旅IP，通常由三个部分构成，一个是标识，一个是口号，一个是代表。标识里面特别强调一定要尊重中国文化传统习惯。这个标识的形状里面恐怕圆形会比方形更受人欢迎。很多标识，包括中国旅游标识，云南旅游标识，它们的外形基本上都是圆形的。还有就是口号简洁的，朗朗上口的，有非常充分的意境，比如说好客山东，七彩云南旅游天堂。"天堂"和"七彩"能够彰显云南自然资源和生物多样性、文化多样性。通过整体感官体验，达到我们的IP入心，最后达到植入消费者心智当中的文旅品牌传播和宣传的效果。

旅游目的地全面关系流管理：理论与实践

王华[①]

一、全面关系流管理理论用于旅游目的地管理

旅游目的地是一个复杂的开放的巨系统。对于目的地系统的研究，其实早已有之，大部分的研究是构建了一些系统的概念的框架。全面关系流管理理论是由林福永教授在一般系统结构理论基础上提出来的。他的理论主要解决两个根本问题，即系统行为是由什么决定的？如何去实现要期望的系统行为？对于一个系统行为，如果说系统有对应的基层次，那么该系统行为就是由系统的输入流和系统基层次以上的关系流决定的。如果没有基层次，那么它就由系统输入流和系统所有层次上的关系流决定。

对于一个组织来说，只有通过设计建立和维护恰当的全面关系流，才能实现管理期望的系统行为。如果系统存在问题，一般都是由不恰当的关系流引起的。这个时候管理者只能通过重新设计建立和维护恰当的关系流，才能解决相关的问题。对于旅游目的地系统来说，如果假设外部的经济、社会、文化、技术、政治等环境在一定时期保持稳定，游客流就是旅游目的地的主要输入流，也是目的地的主要的销售和服务的对象。目的地系统具有为游客服务行为功能，其游客服务行为和功能由什么组成，又由什么决定呢？比如目的地系统各部分之间的游客服务行为功能是如何联系，具有怎样的内在的演化逻辑以形成完整的整体游客服务行为，应该如何去设计恰当的管理系统以实现目的地所期望的一种管理目标呢？

关系流其实就是一个因子流，比如信息流、物资流、能量流、资金流、人员流。它是指从在 t 时刻系统部分对部分的这个作用因子。关系流本身也有维度，还有包括建立的时间连接的部分所带的层次、包含的内容和数量、传递的方式和延

[①] 王华：暨南大学深圳校区管委会副主任，教授、博士研究生导师，全国旅游管理专业学位研究生教育指导委员会委员。

迟，而且每个维度都可以测量。全面关系流其实就是包括输入流、外部环境与系统的关系流集的一个总称。林福永教授在 1988 年就从数据上证明了：系统环境、系统结构和系统行为之间存在固有的关系及规律。我们在给定的系统环境中，系统行为仅由系统基层次以上的系统结构决定和支配。我们这里提到了几个关键的概念，就是系统的基层次，一个系统往往存在多个层次，各个层次之间，每个层次都有不同的部分，不同的部分之间又会形成不同的关系流。

基层次就是指这样一个具有特殊性质的系统层次。在该层次上，每个部分的状态和行为仅仅由该部分的输入流决定，而与该部分内部的关系流无关。它的意义在于界定了这样一个层次，即管理者如果能够完全妥协，可以保证实现管理所期望的一种系统行为。在管理学领域，也可以将基层次以下的关系流界定为人的心智模式，需要发挥人的主观能动性的行为，应该将该行为界定在人际层次以下，也就是心智模式。旅游目的地引入全面关系流管理，就是旅游目的地为了实现一定的发展目标，对目的地中各个组成部分包括各利益相关者和要素，也就是它的子系统以及各个部分之间的关系流进行设计、建立与维护，使得目的地能够持续实现所期望的游客服务和盈利行为功能的过程。这个系统主要把相应的关系流进行一种很好的规范管理，从而达到人们期望的一种行为。全面关系流也适用于旅游目的地的管理系统，但它还是一个比较新的管理的领域。虽然这个关系旅游理论发表已经有十来年了，但目前主要在组织管理领域得到应用，应用范围还不是非常广泛。在旅游领域，已经有少数学者把这个理论运用到了生态旅游管理当中，提出了生态旅游管理的组织框架，也用到了研究旅游目的地的复杂管理系统。

二、凤凰古城全面关系流管理应用分析

假设凤凰古城这个目的地系统，由各个相关的部分组成，包括交通、住宿、古城餐饮等等，分别代表各个部分在 t 时刻的服务行为和关系流，比如游客流、信息流、现金流，等等，假设古城游目的地系统对游客的服务是此时的那一刻开始到彼时的那一刻结束，它就会形成一个服务行为的回路。它是由一系列的子行为构成，它们之间会有一定的演化关系，从而完成这种对游客的服务行为。

为了摸清凤凰古城目前为什么会出现一些旅游的乱象，对团队游客和散客两种类型游客的服务行为的关系流及现状进行了分析，得到了这种类似凤凰古城目的地游客服务行为的关系流现状图。通过现状的分析，发现存在一些管理者所不希望看到的现象。比如在团队游模式下，团队很少进入非定点商铺购物、零负团费、导游擅自改线改点的情况。对于不进景点，不产生资金流，团队游客只从导游口中了

解景点信息，往往出现信息失真或者信息不对称的问题。还有就是古城居民商户期望发生的商品流和资金流也受到导游信息影响很少发生，古城旅游公司和地方政府不期望导游传递有失偏颇、过时、失实的信息流。还有就是古城公司和地方政府期望发生的门票流，也就是资金流受到导游信息影响很少发生，还有游客所不期望发生的导游的回扣流。散客这一块我们也做了现状的分析，主要体现在交通接驳的问题。对于自驾游客而言，存在停车场空间少、车位难找、停车费用高的问题，对于非自驾的游客，存在交通接驳问题。景区内还存在商品同质化的问题，只逛古城不逛景点、不产生资金流的问题，还有周边旅游景点信息不对称，交通不便，游客需依赖野导野社安排行程，信息不明朗，存在隐患和宰客的问题，还有拉客的问题等等。

在凤凰古城各个部门部分之间缺乏组织联系，各自为政，没有建立起旅游目的地与系统管理的一个基层次。团队和散客主要是由旅行社和导游主导信息流、资金流。散客的交通接驳不足、信息的不畅，以及古城门票与传统景点吸引力下降、购票参观下滑、税金少等问题。其中的一个结果就是区域管理无序、利益主体间无序竞争、人才和优质商户流失、无序个体控制非正规的一些就业，控制了基金脉，然后出现信息不对称、交通不畅，以及古城经营收入流失等现象。

在这些分析的基础上，优化设计，设立有目的地游客服务行为的全面关系流，找到一种可管理的基层次。确立的目标是通过主导的信息流吸引更好的游客流，形成良性的循环，引导游客流重构资金流、规范物资流。在这个基础上，设计全面关系流的流图，比如团队游客的抵达服务行为部分主要包括汽车站、火车站、高铁站等等。大型的游客服务中心包括周边的接驳站、小型停车场。对于从源头上开始控制两方面的信息流，一个是团队信息，二是景点信息，然后统一地接社和地接导游，规范旅行社市场，重新整合资源和利益。对于散客而言，针对自驾游客和非自驾游客制定了交通接驳的系统，也是从源头引导信息流车源、游客流，通过游客服务中心和APP小程序来系统组织核心产品和服务，组织培训正规的地接旅社和导游队伍。

在这个基础上，优化旅游目的地管理组织系统的构成部分和层次关系，主要有四个部分。第一个部分是旅游目的地管理和营销部门，第二个部分是旅游商业联盟部门，第三个部分是旅游接待部门，第四个部分是旅游流动经济部门。第一个部分——公共服务部门。目前政府成立了一个公司主体管理四个中心，包括游客服务中心、流通接口中心、导游服务中心和旅游营销中心。第二个部分——旅游发展监督部门，设置了基层次，包括行为行业管理统计部门、综合监察行政执法部门、基建维护与物业管理部门、发展规划与政策研究部门、文化遗产保育部门、环境与生态资源保护部门和综合办公室。旅游商业联盟部门包括景点协会、餐饮协会、购物协会、酒吧协会等等。第三个部分——接待经济部门，包括餐饮购物娱乐等。第四个部分——流动经济部门，包括非法摊贩、拉客、黑导等基层次。

最后通过在子系统上建立这种基层次，得到了以下的几点结论和启示，就是没有设计、建立和维护恰当的目的地系统行为的基层次以上的全面关系流是凤凰古城旅游失序的一个根本原因，只有预见性地去设计、建立和维护一个恰当的目的地行为的基层次以上的全面关系流，目的地才能实现有序的管理和可持续发展。特别是对于后疫情时期，我们可以预见到旅游可能会有一个爆发性的增长。全面关系流管理理论还是适用于目的地系统的组织管理分析的，能够为解决旅游目的地系统的组织管理问题提供一个新的思路和视角，同时也可以为旅游目的地的开发规划与管理实践提供新的理论指导工具。

数字科技驱动下的旅游目的地营销新路径

沈涵[①]

数字经济在过去这五年当中一直保持高速的增长,到去年数字经济的规模已经达到了 45.5 万亿美元,仅次于美国,跃居世界的第二。其中,工业互联网核心产业规模也是逐年在增加。在文旅行业当中,数字化发展是文旅未来发展的一个重要的产业战略方向,主要是通过大数据、人工智能、区块链等技术打破文旅行业发展所面临的信息孤岛和技术壁垒等一些问题。

一、文旅领域中数字科技的应用

上海最近几年一直在文旅板块中大力鼓励数字经济:今年 5 月份,上海文旅局与其他单位一起,发布了系列的促进数字化转型发展报告。在整个数字经济当中,最为核心的是大数据。在数字经济时代就有数据资源。通过平台经济创建一个非常低成本的交易平台,使得整个行业的组织关系发生了非常重大的变化。现行的产业链条变成了一个生态圈,用一种共赢的、分享的、融合的方式来推进产业发展。在这个平台上数据的自由流动产生了协同效应和规模效应。数据资源,是数字经济时代最为重要的一个推动力。

在文旅领域中,数字科技的应用非常广泛。在数字化的基础设施方面,一些数据要素的嵌入成为文旅行业基础设施发展的一个非常重要的动力。在实体经济领域,这些数据的融入,驱动文旅产业的数字化,整个资源整合、全产业链互通互联。在文旅生态方面,数据的推动使得全产业链的要素数字化、智能化,重构原有资源配置状态,匹配供应与市场;通过数据的人工智能以及深度学习的优势,推动产业协调发展。因此,文旅产业的高质量发展,其实是建立在整个产业,从基础设施一直到经济生态之上,全面地向数字科技方面发展的非常重要的前提。

[①] 沈涵:复旦大学旅游学系教授、博士研究生导师,国际旅游学会常务副秘书长。

数字科技时代的新文旅，无论是在现在的新景区还是在文旅的一种新业态，游客的每一种新体验，其实都深受智能化、数据化以及边界融合的趋势的影响。在技术推动之下，我们会发现文旅行业也涌现出各种各样的创新。这种创新体现在产品创新方向、过程创新方向、管理创新方向这三个领域的创新。从创新的程度来看，可以分为四种类型的创新，渐进式的创新、空缺式的创新、结构性的创新和根本性的创新。

大数据正在全面地推动文旅产业的结构变革，这种变革一方面体现在需求领域。新生代对于品质、品牌、生活质量的要求其实一直是在提升的。从供应角度来看，行业、企业在利用数据去提升服务，提升产业方面，也一直在做努力。在场域侧，大数据所集合的文旅行业运营的内容产品也在发生着很大的改变，主要是通过数据的共享和共通来驱动。

在这样的一个新的文旅发展的时代背景之下，线上＋线下的互动已经成为文旅营销最为重要的路径。线上，用户的大数据和营销机构会有互相合作，通过文旅产品供应商和目的地管理部门的合作，共享数据，从而更好地理解用户需求，更好地理解市场。因此在线上，通过数据驱动，话题、产品、营销都发生了非常重要的结构上的改变。线下，通过线上的内容，引来了对话题的关注。我们基于此，引导线下的一些活动，并且把关注转化为产品的购买行为、转化为消费行为。因此，线上线下的导流，线上线下的关注度的转变，以及线上线下的消费行为的转换，成为在文旅营销中使用数据的非常重要的路径。

二、元宇宙文旅场景构建

在元宇宙当中，现在的文旅营销场景在不断地构建。沉浸式的体验，重构了产品和内容生产的逻辑。另外这是开放的、兼容的方式，意味着大家是共享的，大家是共通的，共同去创造了价值，共创、共享的一种生态。

虚拟身份，一种新的社交方式，一种新的身份模式。进入元宇宙，一切都可以重来，一切可以按照你的意愿来进行，而不会涉及实际物质的浪费。所以这种持续的发展，也是元宇宙场景非常迷人的一个地方。虚实互动，数字世界与真实世界的边界消融，相互作用。这还是一种新式确权的方式，是全新数字货币的一种体系，一种基于区块链技术的可追踪的、稳定的、安全的货币延伸。上述都是元宇宙的一些核心特征，这些特征为文旅营销带来了非常大的一个变革。有限的场景可以通过在元宇宙这个广袤的、没有边界的空间当中来延伸体验。我曾经跟一个朋友讨论过，认为元宇宙其实是带来了一种更为公正的生存方式。在现实社会当中，所有人的存在会受到物理条件的制约。在元宇宙里面的营销是一个更加开放的场景，更加充满想象的一种场景。大家一起来创造，一起来塑造想要的一种体验。这也让我们相信对于元宇宙的文旅品牌的创造，将是颠覆性的、全新的创造。

在元宇宙里面有非常重要的三个概念，人、货、场。人，我们既有一个现实的人，也有一个虚拟的人。然后"货"，就比如说有一些数字藏品，一些虚拟的产品。场，就是一个虚拟空间。在这样的一个人货场的碰撞当中，会有三组不同的组合，"人+货"、"货+场"、"人+场"。比如，你这个人的身份在金字塔里面，你塑造的是一种体验，然后你另外一个身份可能是在另外一个空间。因此，元宇宙的营销路径是更加广阔的一个视角。

元宇宙的一个非常重要核心概念是虚拟人。虚拟人是作为元宇宙切入的一个非常重要的核心产品和技术。到目前为止其发展趋势分为两种，服务型的虚拟人和身份型的虚拟人。服务型虚拟人，例如现在有很多博物馆，像国家博物馆、敦煌博物馆都有虚拟人。这些虚拟人能够做导览，能够取代搜索引擎，虚拟人成为元宇宙人机对话的一种通道，跟元宇宙的一种互动的界面；这就是服务型虚拟人。身份型虚拟人，是可以自有品牌的，不需要去付高额的代言费，自己创造一个虚拟人作为形象代言。同样也可以打造虚拟人的 IP，突出它的人格魅力，利用虚拟人去直播带货。这种商业逻辑其实跟真人的粉丝经济是非常相近的。它具有强大的市场潜力，而且会快速地增长。最近香港发布了 NFT 数字藏品的交易市场的规范，数字藏品在文旅行业领域也有所应用，元宇宙热潮下，数字藏品正成为文旅产业的新热点。现如今，国家层面也推行了一系列的政策，推动数字藏品合规化、支持数字孪生技术的应用发展。

数字孪生技术构筑了文旅营销新空间，具体的有虚拟景区，在博物馆中，可以通过数字孪生技术打造一个虚拟的景区，来实现文化遗产的数字化；可以进行流量和行为的转换，解决商业痛点。在数字景区中，每个个体的数据都可以被精准地追踪，可以实现精准营销。

文旅数字化转型是一种趋势。对于文旅行业，尤其是对文旅营销来讲，它引领了一种全新的旅游体验，创造了全新的旅游体验，它势必会带来整个产业的变革。另外，全渠道营销会打破原来分割的碎片化的数据，打通行业壁垒；同时大数据会促进服务的提升，精准分析需求和变化，精准营销为游客提供个性化的服务，使旅行趋于极致化。

旅游发展虚实共生化

林璧属[①]

文旅融合为旅游业的蓬勃发展提供了机遇，疫情又催生了旅游的新业态。受疫情影响，近年来旅游业发生了急剧的变化。第一，Z 世代的旅游者消费观念发生了巨大变化，他们已不再满足于游山玩水的观光游，Z 世代的消费者价值导向改变了。第二，无论是世界自然文化遗产，还是国家公园，特别是国家重点风景名胜区，国家重点文物，这些所有的名胜古迹都严格执行国家的保护政策，其旅游开发空间和旅游用地越来越少；所以原来的旅游经营业态就很难突破，只能向叠加虚拟现实的场景发展，由此进一步催生了新的虚实共生的旅游经营业态。第三，数字化发展趋势。数字化的应用日趋广泛，既然有数字化，而且产生这么多的数据，就可能带来新的业态。

一、文旅虚实共生的发展趋势

原有的景区是以有形的旅游资源为基础所形成的门票收入和各类有形资产的经营性项目，未来的景区经营新业态中将产生大量的虚拟场景、虚拟旅游和虚拟业态等虚实共生的旅游场景和旅游经营业态。这种虚拟的旅游场景和旅游经营业态跟传统的业态不一样，是未来旅游发展中的主要产品，也是重要的资产，也必将是景区未来经营业态中增值量最大的部分，并可能实现无限裂变叠加的全新业态；既是机遇，也有可能发展成为更大的机会。

如何把握旅游发展的虚实共生业态是一个迫切需要研究解决的现实的问题。在技术日臻成熟的今天，景区虚实共生资产，尤其是技术型虚实共生资产愈加成为景区资产中必不可少的一大部分。虚实共生可以解决回头客的问题。要让大家觉得好玩，需要文旅融合推动。旅游一定要有吸引力，文旅融合可以提供这个机会。

[①] 林璧属：厦门大学管理学院旅游与酒店管理系教授、博士研究生导师，全国 MTA 教指委委员。

景区的物理场景和生态环境可以作为基地，文化搭台唱戏，促进旅游虚拟业态的发展和虚实共生业态的融合。每个人都有一种自我主体性，怎么把自我主体性消弭掉，往自由自在的旅游方向来发展，变革最好的办法是：在原有实的景区的基础上，通过无数虚拟的改变游客玩法，改变游客认知，可以实现无限叠加，并不需要大量建造景区、建设功能；简单化了，直接通过虚拟的来解决。

二、数字经济打造景区新体验

数字经济可以催化这种虚实共生，可以打造景区的旅游新体验，构建全新的旅游模式。对于景区而言，历史文化底蕴是构成其价值根基的重要部分，科技手段可以深入挖掘历史文化底蕴，可以解决原有的业态的问题，可以把服务智能化、需求个性化、互动场景化，移动互联网络可实现现实场景和虚拟现实的高度融合。虚拟可以解决很多故事问题，比现实建造快得多，改变也快得多。在虚实共生的体系中，核心在于虚拟技术对于实际场景的赋值。不同的人只要按不同的频道，它实际玩的是不同的内容。虚实共生也依靠文化共生来体验，景区天然优势是独一无二的故事，把故事智能化、体系化，变成"剧本"，完成景区故事的文娱化。在此过程中，AR是连接现实与虚拟的技术与手段，剧本的智能化是内容的表达体系，从而达到实景和虚拟共生的状态。旅游活动必须娱乐化，需要把产品做丰富，让消费者有更多的重复购买的意愿。具体而言，对于景区来讲，可以提高科技感和科技含量，从而提高游客的获得感、参与感、满意度。

元宇宙相关的技术为推动文旅融合，促进"互联网+旅游"，为景区纯物理生态的剧本化、景区疫情防控提供了技术手段；元宇宙相关概念为景区催生更多的虚拟业态提供了理论支持。为更好地推动旅游业复苏和景区的可持续发展，这也是一个亟须思索、解决的问题。

数字经济战略抢新机，助力文旅业高质量发展战略

杨春宇[①]

一、数字经济赋能旅游经济体系的发展背景和意义

数字经济和实体经济的融合发展应该是未来整个世界以及旅游业所面临的机遇、挑战、创新点。把握数字经济发展机遇是加快推进文化旅游产业创新发展的内在需要。

服务产品生产和消费一致性的特征使得交易双方所有信息和数据的互联互通要求更为突出了。因此这种服务和数据的天然的契合性决定了文化旅游产业现代化的基础就是数据化和信息化。

从数据上来看，包括携程、途牛、马蜂窝网等这些旅游的 OTA 在线平台，正在以数据技术和互联网为支撑，以需求为导向来创新旅游产业。特别是文旅部在 2020 年已经印发了关于互联网＋旅游，推动旅游业高质量发展的意见。在意见里面特别强调的需要借力数字经济加速推进文化旅游产业创新，是文化旅游产业迈向现代化的必由之路。

在线旅游行业的市场规模，从 2014 年到 2023 年，在 2021 年已达到了 2 万亿美元的规模。这个行业在推动整个数字和实体经济的融合，这是一个非常大的驱动力和背景。

数字经济赋能现代旅游经济体系的高质量发展，第一个是关键定位。中国旅游在线交易规模非常大，现在是一个关键定位。第二，数字赋能是现代经济体系发展格局的一个关键性支撑。旅游业新发展格局最本质的特征就是实现旅游发展方式的转变，其中最关键的在于科技的自主创新、数字赋能，以及有助于旅游业技术创新，推动现代旅游经济体系形成新格局。另外一方面就是数字赋能是推动旅游新业

---

① 杨春宇：贵州财经大学旅游经济与管理研究院院长、教授、博士研究生导师。

态，畅通内循环，推动形成以国内旅游大循环为主的一个重要的手段。第三，数字赋能提供了现代经济体系变革的一个关键动力，其主要来源就是数字技术的链接、集聚、赋能，在这种平台化和柔性化的全新的组织结构背景下，现代旅游产业将最终实现全生产要素效率的提升、规模效率和综合效率的全面的提升。第四，数字赋能是深化现代逻辑体系供给侧结构性改革的关键抓手。这个抓手主要是解决现在产品单一、缺乏特色、服务质量供给不佳等一系列的问题。通过数字技术精准地预测旅游消费的需求，刻画消费者的画像，从而能够提高供给，满足消费者需求。

二、数字经济背景下可能会产生的对旅游经济研究的范式变化

在数字经济背景下可能会产生的对旅游经济研究范式的变化，包括一些理论的探索。第一个方面，旅游业抓住这一轮的科技革命和产业革命的机会的话，是有利于形成更加学理化和系统化的旅游数字经济理论体系。当前学术界是在深入地探讨驱动数字经济背景的旅游业增长的要素，它的增长逻辑以及动力，包括数字技术影响旅游经济增长和资源配置的基本规律与作用机制。在这个新的理论体系或者新的背景下面，研究范式可能需要做一个比较大的调整，而不能再拘泥于原先的经济学的一些主流理论或者背景研究旅游产业结构和旅游经济增长。

第二，关于旅游创新理论。在数字经济背景下，大数据和人工智能这些数字技术改变了旅游产品的创新过程，包括组织创新，包括商业模式的创新。未来数字创新管理理论研究，将指导旅游创新管理实践和重构旅游创新管理的相关理论。

数字技术和数字要素在促进旅游数字产品、生产方式以及商业模式的转型方面，可以探讨旅游数字创新与传统领域的融合机制，就是在数字或者是叫做物理空间和虚拟空间理论的一个层面融合的问题。

第三，数据经济推动旅游行业三个变革：质量变革，效率变革，动力变革。它的理论体系的构建可能包括管理学，包括经济学，还有公共管理学，以及一些其他的学科，如组织行为管理等等，这一系列都会产生革命性的变化。

当前理论界正在强化对平台经济的成长模式和规律的研究。数字平台生态系统的构建和治理等一系列的研究发生了范式革命。比如说垄断平台的大数据杀熟现象。在这背后，其实它的增长的规律包括它的算法会对产业组织结构、平台生态的治理等方面产生重大影响。

三、数字经济下的旅游规制的理论体系

因为技术和要素是数据化的，它所引起的生长函数和相对函数的一个巨大的变化将会出现，比如说市场垄断以及寡头竞争，这种情况下，对于传统的反垄断规制的理论体系提出了一些新的挑战，比如马斯克在收购推特以后，马上就恢复了美国前总统特朗普的推特的账号。也就是说现在的平台可能会对行业形成垄断，甚至会去干扰政治或者一个国家的治理。在这些方面，如果聚焦到旅游行业里面来说，OTA 平台过大过于垄断性的话，可能需要对它进行一种反垄断的规制体系的构建。

数字经济依靠数字技术、数字要素对旅游经济发展产生影响，包括大数据分析、机器学习、统计推断、数字孪生模型和数理模型等定量分析方法。在中国的情境下包括三个对象的构建，一个是微观主体，一个是产业，另一个是宏观整体。加强三个层次的旅游数字经济理论的研究和探索，更好地把握旅游数据经济的发展规律，为解决实践问题提供理论支撑。

从数字经济到数字鸿沟：
区域旅游经济均衡发展的新逻辑与新问题

杨勇[①]

一、研究背景

1. 经济非均衡与数字要素

从世界经济和从中国经济发展的现状来看，非均衡是常态。非均衡会产生很多的社会经济问题，这便是国家和各个层面上都致力于解决的重大的经济和社会问题。很多人研究患寡和患不均的问题。患不均就是非均衡。量的合理增长其实就是解决患寡的问题。要使得经济保持一定的发展速度，在量的合理增长的基础上，还要保证质的有效提升，而经济均衡就是质的有效提升的重要表现。

非均衡和经济之间的非平衡、区域之间的非平衡存在什么样的关系？数字的非平衡是不是加剧了区域经济发展之间的非均衡呢？这也是我思考的问题。自从2020年后半年，国家将数字作为一种要素纳入政府的文件，数字可能已成为了继资本、劳动力、技术之外的第四个生产力要素。这种生产要素对于整个经济的发展、对于区域经济的发展可能都会产生非同步效应，而这种非同步效应是有利于还是有碍于经济的非均衡发展，这就是我们要思考的。

2. 数字经济助力中国发展与区域协调

数字中国显示出国家未来在全球发展战略中的重要的战略路径。在数字经济领域，中国并不比西方弱，甚至要超过西方。数字经济和数字中国成为了中国经济未来发展的重要动力，也是中国在全球的产业链竞争当中实现弯道超车的重要举措。

[①] 杨勇：华东师范大学工商管理学院副院长、教授、博士研究生导师。

区域协调发展一直是国家经济增长发展过程当中的重要话题。如何来实现区域协调发展？这不仅需要包括技术的投入、研发的投入，数字经济也提供了非常好的支撑。因此，需要从数字经济这个背景之下，分析区域经济协调发展、区域旅游协调发展的话题。

二、数字经济重塑旅游三特征

数字经济重塑旅游业发展的特征，有三个方面：第一，数字经济重塑了旅游业发展的底层逻辑，尤其是定义旅游业的质量和旅游者的主导地位。第二，数字经济改变了旅游产业特征，甚至改变了旅游业产业链的运作规则。在这个过程当中，产业链变得越来越模块化，而且数字经济的规模效应使得梅特卡夫法则成为旅游业发展的动力源之一。第三，数字经济也优化了旅游业的运作逻辑，推动了价值共创和产品生产的模块化转型，使得旅游产业的聚集走向了虚拟的聚集，为旅游业的发展提供了新的方式和路径。

三、数字经济区域差异与数字鸿沟

数字经济在全国当中表现得很明显，东部地区的数字经济发展水平要远远高于西部地区。北京、广东、江苏、浙江以及上海这些东部省份的数字经济发展水平远远高于中西部省份。这就存在了一个问题：到底是数字经济导致了东西部的差距，还是东西部的差距导致数字经济差距的存在？再一个是互联网技术支撑得分，可以看到互联网技术支撑得分表现的差异更加明显。数字行业发展得分也是这样，表现出明显的区域差异问题。

数字鸿沟表现为接入鸿沟、使用鸿沟和收入鸿沟。东中西部地区数字差距，或者不同区域群体之间的数字差距的鸿沟表现为前述几个方面。接入鸿沟是指是否能够接入互联网，而使用鸿沟则涉及互联网使用程度和技能的差异。即使接入度比较高，使用上的差异也可能会导致很大的鸿沟。此外，由于互联网、数字使用会造成差异，也会造成收入不平等，从而形成收入鸿沟。这就是数字鸿沟简单的概念。

四、数字鸿沟对旅游发展的影响及对策研究框架构建

数字鸿沟在旅游研究当中的文献现在是少之又少，大量的文献是出在图书情报

以及社会学研究领域。旅游业和数字经济有着天然的适应性，数字鸿沟可能会成为影响区域旅游发展的一个新原因，缓解数字鸿沟可能成为缓解区域旅游不均衡发展的新路径。数字鸿沟影响区域旅游经济均衡发展的机制是什么？

第一，内涵和外延。要搞清楚数字鸿沟，就要衡量数字鸿沟的存在。很关键的是做指标体系。评价数字经济的发展水平的一个很关键的内容是数字产业化，数字产业化的研究文献更多的是出自信息经济和邮政经济领域。

第二，分析数字鸿沟的内在机理。分析内在机理的建议是由大到小，不仅要分析宏观的机理，还要分析微观的机理，甚至要分析到每一个群体甚至每一个个人。从接入沟、使用沟和知识沟，要经过内在的机理分析，而不仅仅是搞清楚数字鸿沟和区域经济均衡发展之间两个大变量之间的关系，还要搞清楚两个大变量中间的系列的小变量、系列的过渡变量。

第三，具体在某一个群体上，要正确理解数字素养和使用能力对其需求的影响。在数字经济应用方面的差别，可能会导致城镇居民和乡村居民一系列的收入以及行为的不同。这就是数字素养方面的感知。是什么原因导致的呢？可能是因为城镇居民有比较高的学历水平，那么他们会更多地使用数字经济来进行学习；城镇居民生活竞争压力比较大，所以他们更多地通过数字经济来进行学习，乡村居民可能就比较少地面临这个问题。即使同一个年龄段的人，还要考虑他们不同数字素养和使用能力，以及使用方式和使用目的方面的差别。

第四，企业的视角，要正确理解数据要素进入企业生产函数的方式和作用。在数据环境之下，不同企业之间的集合可能会带来一些虚拟聚集的现象。虚拟聚集在一起的企业为企业本身获取市场客户、企业之间资源的共享，提供了一个非常好的背景。比如如果企业能够进入到携程网，就可以获得非常大的客源量，企业就可以和携程平台上大量的企业互动，然后结合成为一系列的新产品，这就是聚集的环境收益。还有一个是梅特卡夫效应：越来越多的企业集聚在一个互联网平台上的时候，会形成非常强大的飞轮效应——带动所有的旅游企业发展得更好，梅特卡夫效应明显。

第五，旅游产业和数字经济的融合程度，是从旅游产业链、中观的角度上来研究的问题。数字经济和数字鸿沟到底是如何影响旅游业的发展？如何提高旅游业的供给体系？在新的背景之下，尤其是党的二十大之后，我们要重新来界定产业的发展质量。在原来的"十三五"旅游发展规划以及国务院的有关文件当中，把旅游业界定为满足旅游者满意度的现代服务业。现在我们又有新的补充发展。在这个背景之下，旅游业的质量到底怎么来进行定义？在这个过程中数字经济的作用应该如何来进行体现？这给我们提出了一个新的研究思路和研究方向。

最后是区域旅游经济均衡发展视角。前面把微观、中观看完，最后落脚到数字红利差异问题。从个体微观和宏观，综合来思考区域经济均衡发展主导性动力背后的时代条件和内在机理，这就是从小到大的分析过程。如果能够这样的话，我们可以更好地来分析区域旅游经济过程当中一系列的重大课题。

数智时代的文旅产品融合创新开发：
趋势、机遇和挑战

应天煜[①]

一、文旅产业发展趋势与数字化分析

如何理解文旅产业的发展趋势？大概有这么两个维度，一个看的是内部性因素和外部性因素的结合，另外一个是长期性因素和短期性因素的结合。从内部因素讲，比方说消费者的需求升级，本身就是一个重要的驱动力。从外部因素讲，供给侧的改革，就是现在的关于品质化产品的要求。从长期因素上讲，人均的 GDP 发展到一定程度，休闲需求变成一项刚需。这里不光说文旅产品的数字化开发，还包括文旅数字服务的提供和文旅产业的数字化的治理。

从中长期看，很多的趋势性的问题不需要自己去总结。党的二十大报告、"十四五"规划纲要，把很多的问题以关键词的方式都给罗列出来。包括高质量发展、美好生活等，这些关键词在国家层面或政策面上不断出现，引起了大家的关注。从浙江这个层面上来讲，包括共同富裕示范区、数字化的改革等文化工程，这些关键词本身也体现了从国家或者从地方，对于文旅产业相关的趋势性的指引。

从产业层面上来讲，越来越看到对于文旅产品品质化的需求，比如，文旅产品的权益的开发或者文旅融合化的开发、数字化的开发以及面向不同个性化市场的分众化的开发等的产业的趋势。把这些政策面的国家战略的大趋势和市场面的产业发展的一些中观层面的趋势，统统围绕在数字化或者说数智时代这样的一个时代背景下，会有一些新的思路。

以什么样的方式提供公共性的、准公共性的或者商业性的数字服务的产品？目前讲的共同富裕，不仅是指区域层面的共同富裕，也包括城乡间的共同富裕和人群

[①] 应天煜：浙江大学管理学院旅游与酒店管理系主任、教授、博士研究生导师，"百人计划"研究员。

间的共同富裕，以及物质财富和精神财富的共同富裕。在这个过程中，城乡间数字基础设施的建设对于文旅数字化发展的意义非常重大，同时也存在着城乡间和人群间数字服务提供水平的差距或差异性，如何弥合这两者之间的差异，是一个值得深入研究的话题。

二、杭州文旅系统服务与数字服务能力转化探索

如何弥合这样的差异？以杭州的城市大脑及其平台上提供的文旅系统服务为例。"十四五"期间，杭州城市大脑的文旅系统投入了大量资源，建设和完善了数据底层平台、算力以及各种信息和数字基础设施。进入新的发展阶段，关键问题转变为如何将投入巨资建设的数字服务能力转化为实际的数字服务，这些服务可以面向治理端、行业或产业端，以及消费者端。这些领域都拥有广阔的研究空间，有许多值得深入挖掘和探索的问题，且与行业的现实发展紧密相关。核心问题在于到底要服务什么以及如何服务。在共同富裕的大背景下，如何将数字服务或文旅数字服务的普惠性落到实处。这涉及消费场景如何驱动数字服务产品的打造，特别是在大数据和 AI 技术驱动的数字服务设计中，要关注的是哪些行为标签，以及数字技术如何赋能未来文旅服务体验的提升。

三、数字技术下的文旅融合与挑战研究新视角

数字技术并非万能药，它更多的是为我们追求美好生活提供了一种手段和途径。然而，这个手段和途径本身也会带来一系列新的问题和挑战，如信任问题、责任问题、隐私保护以及伦理感知等方面的问题，都是我们在利用数字技术时必须面对和解决的。在数字技术大背景下，有许多研究场景和问题值得探索。在过去两三年中，我们深入行业一线进行了调研，整理了文献，进行了学科交叉的探讨，发现在数字时代重新考虑文旅融合及其产品开发时，有几个新的特征值得关注，例如文化内容资源的无限性、文旅产品时空界限的模糊化、消费群体身份的多元化，以及商业模式的跨界融合等，这些都为我们的研究提供了新的视角，并为行业实践创造了新的场景。

四、数字时代文旅融合发展新导向与资源资产资本转化框架

在数字时代文旅融合发展的新特征背景下，可以看到数字时代的文旅资源开发

大致呈现出几个基本导向。

第一，现在的文旅产品或旅游产品，生活化的气息越来越浓厚，数字技术的应用使得文化遗产变得更加生活化，与人们的生活紧密相连。文博、文创、文旅这三个领域在人间烟火或生活化的消费场景中得到了非常好的契合和融合。

第二，从文化遗产的数字化活化过程，到文旅融合的实践，不仅要追求文化遗产的活化、传承、转化和发展，更要把它们引向商业化的道路。这意味着我们需要面向消费者的需求和体验来提升产品设计，只有这样才能促进消费者或市场对产品的消费。

第三，在数字时代，传播的力量因为打破了传统的时空界限而变得强大。现在可以利用数字化的手段和互联网平台，将文化和旅游产品通过数字化的媒介和渠道，以数字化的形式向海外传播。数字无边界，因此需要思考如何借助数字化让中华文化走向世界，服务于中国的软实力建设，助力构建中国可亲、可敬、可信的文化形象，从而提升中国旅游在国际上的话语权。

在文旅的数字化开发过程中，文旅产品的数字化开发的一个基本的框架是什么？逻辑链条是我们怎么把优秀的中国传统文化以数字化的手段，把它从资源转化成资产，再从资产提炼、提升成资本，从资源到资产到资本。文旅产品的数字化开发，从资源到资产再到资本的过程，构成了一个基本框架。首先，我们要探讨的是如何利用数字技术来驱动文旅资源的要素化。接下来，需要从多元的价值导向出发，对数字文旅资源要素进行产品化，这是在将文化资源打碎成要素后的第二步，即基于价值导向对这些要素进行二次的产品化开发。最后一步是以创新的方式引领数字文旅的商业模式，需要考虑如何更好地运营和延伸这些产品。

五、文旅资源要素化与数字化体验创新策略

在文旅资源要素化的过程中，首先需要考虑的是受众导向的文化资源认知和偏好洞察。这涉及不同的研究方式和切入点，目前更多的是从用户角度出发，利用用户生成内容（UGC）和消费行为数据，基于大数据进行挖掘，并对用户评论进行情感分析等具体操作。当文化资源数字化以后，并且把资源数据价值化以后，接下来一个问题就是关于数字产业的生态化了。在这个过程中，还需要关注基于数字技术的体验性产品如何解决沉浸感的问题，这对于文旅产品的数字化研发至关重要。

沉浸感的问题现在被认为是越来越重要，因为它涉及对游客情感需求的满足和价值的转化。沉浸式的体验其实是有赖于技术的创新和场景的延伸的，这一点在历史上雍正皇帝通过让宫廷画师将自己的形象画到不同情境中，以脑补和畅想不同生

活场景的方式，展现了一种最早的沉浸式体验的原型。

借助于数字技术，不断重塑文旅消费体验的新的场景。包括声光电技术、全息投影、AR、元宇宙等多种方式，都在帮助消费者营造多维度的沉浸感。为什么很多现有的 VR 的体验感不强、沉浸感不强，是因为很多情况下这些技术创新，更多的解决的是一个信息不对称的问题。

当体验导向的文旅产品数字化开发之后，另外考虑的是既然用到了数字技术，那必然少不了人机交互。除了以人为主的交互形式，还有一种以机器为主的形式，这种形式虽然在日本已经开始出现，但还未商业化且效果有待观察。第三种形式是以场为主，即人在线下具体场景中，通过数字技术或人工智能提供的服务来提升体验。这三种方式都体现了数字技术在文旅体验中的不同应用，从以人为主到以机器为主，再到以场为主，都在尝试解决体验中的不同问题，以提升整体旅游体验。这种交互的形式其实还是一种标准化的形式。

数字文旅：产业视角与学术关注

邓宁[①]

一、数字文旅和智慧旅游

我今天单纯谈智慧旅游，从行业的视角梳理一下大家对"数字文旅"的理解。实际上在职能分工方面，政府没有一个专门的部门来统管庞大的数字文旅，智慧旅游今天还是在资源开发司这边，数字文化主要在产业司和科教司，从政府发的文件里是看不到"数字文旅"这个字眼的。但是各个省或各地市级不一样，行业和地市一级对文旅融合在数字化这方面可能会更加的积极。

二、利益相关方

在智慧旅游这个格局里，利益相关方有政府、文旅企业、游客以及承建方，即智慧旅游的建设方或者服务的提供方。具体来讲，政府又分中央部委和各个地方政府，相对来讲层次清晰，结构分明。文旅企业是智慧旅游建设使用和向游客提供服务的一方。还有科技公司，以OTA为代表的互联网公司。各利益相关方在智慧旅游格局里的关注点，简单地来讲，最底下是基础设施层，软硬件等看得见的摸得着的东西。到应用层，它不光是管理、服务和营销三者，更重要的它产生了新的消费模式，或者说新的产品形态，就是沉浸式旅游。

三、智慧管理

管理的主体有两个，一个是政府，一个是企业。政府方面，文化和旅游部有

[①] 邓宁：北京第二外国语学院旅游科学学院副院长、教授，数字文旅研究中心主任，国家自然科学基金管理学部通讯评审专家。

五个主要的组成部分，市场管理司、信息中心、中国旅游研究院（其实是文化和旅游部的数据中心）、财务司、资源开发司。每一个司都基于各自的业务开发了自己的系统，这个就是行业里头对信息化设计和使用的情况。市场方面主要涉及星级饭店、景区监管、旅行社导游管理。依托具体的业务，主要的系统有全国星级饭店的调查系统、旅行社管理系统等。不管是部委，还是省级或者地方的平台，在最终建了这么多系统，做了这么多信息化的事情以后，其实就是关心数量、规模、时空、消费、主题和产业这几个方面。

企业自身的数字化建设以及转型方面，企业内部管理其实就是自建 OA 系统内部办公，流程数字化的目的是形成无纸化办公，外部就是基于饭店、景区、旅行社等各主体采取不同管理方式。如果是景区，可能会涉及对游客的门票管理、对地形地貌、自然资源的保护等。企业数字化是从制造业舶来的概念，其实在制造业的效果很显著，但在文旅行业效果并没有很显著，文旅不是第一波吃数字化红利的行业，但是现在已经到这个阶段，企业不数字化不行，以营销来驱动企业数字化。最难的其实是旅行社的数字化，其次是景区的数字化，最容易和程度最高的是航空和酒店的数字化。因为酒店系统比较成熟，数字化程度较高，收益管理有模型直接能算出。但在景区因为所有制很复杂，到底什么东西能度量效果？旅行社里头更多地涉及到的不是系统，而是业务的转型、组织架构的转型，整个行业在重构。

治理端都遵循了数字化转型的路径，第一个就是用数字化去再造流程。有了流程就会沉淀数据，数据的融合，就有了很好的数据驱动业务的基础，就可以去指导管理、指导决策、统计会更精准。不管是政府还是企业，如果说做数字化的转型，都会围绕着这个逻辑。

四、智慧服务

目的地的信息公共服务到底是什么？移动互联网时代的信息外延变得更泛，一个是传统的信息公共服务，另一个是基本功能。第一个是旅游产业化属性导致旅游信息服务具有公共服务和产业化双重属性，它到底是公共服务还是产业化的部分，难以完全切分。第二个是旅游服务于营销"一体化"特点明显，"一部手机游云南"有促销的信息，还有一些活动信息，所以营销和服务其实也很难完全从意义上切分。游客到底用 OTA 还是用"一机游"，用户体验是关键，预订价格、信息及时准确等就是游客会选择哪个的先决条件。

基于给文化和旅游部做的咨询项目统计来的一些基础数据，我发现这些省份的"一机游"产品本身的质量和水准已经相当高，但在运营方面仍在探索中。面对是否建设、如何建设和运营的问题，我的答案是政府不能缺位。在数字化时代，政府的基本要求是确保服务能够被搜索到、被用户找到，并提供实际服务。运营方面需要根据不同情况提供差异化信息，确保权威性，同时注重用户体验，并尽量保持轻量级运营以控制成本。此外，政府平台是否应该融入市场化平台生态，成为合作伙伴而非竞争对手，这也是一个值得探讨的问题。

在分析日本、欧洲、美国等地区的海外情况时，我们发现中国大陆地区在移动互联网思维和用户量方面远超其他地方，尽管有些地方还停留在 web 端，没有 APP。相比之下，其他地区可能提供更纯粹的公共信息服务，即使提供预订和预约也是通过与企业或 OTA 合作，采用跳转的逻辑。目前，我们的服务模式主要有三种：直接运营、第三方运营与 OTA 合作，以及信息聚合。

五、智慧营销（4P+1C）

我把目的地和旅游相关的数字营销做了框架式划分，把旅游营销的 4P 理论改成了旅游目的地数字化营销的 4P+1C 的框架。目的地营销、旅游的数字化营销，我把它分成了以下五个圈。

一是市场的感知（perception），就是感知市场或感知用户。我们的研究都围绕着让感知更客观真实全面地解决问题，做得越准确就越能够提供科学和准确的决策。

二是产品（product），或者说叫做产品设计。我在旅游行业没有看到非常普遍的数据驱动的地方，但是在餐饮行业，像奶茶、咖啡这种卷得非常厉害的消费品行业，它们的数据驱动其实已经有模有样。例如瑞幸的配方糖分排列组合，稍微变一点其实就是一个新品类。

三是定价（pricing），像酒店、航空业，其实动态性越强，定价就越值得研究，景区门票定价今天也有人在研究，将门票降多少合适，降完的二消如何补充，哪些二消可以和门票价格去捆绑等等。

四是平台渠道（platform），数字化营销是技术驱动的，这种渠道三五年就会有迭代，所以今天抖音、小红书、微博，还有朋友圈，甚至更老一点的渠道，我们都得习惯和熟悉每一个渠道的运营逻辑和它的流量、它的用户画像等。

五是内容（content）。今天更多人的旅游决策是在享受和阅读内容的过程中慢慢地产生的。特别是创造精美内容的 KOL、KOC 的角色开始占有更强的话语权。当今互联网的逻辑最怕的就是趋同，即便有争议的特色也比完全同质的东西来得好，如何结合自身的资源打造差异化的品牌，立人设，懂流行，也有很大的空间，这也涉及 IP 的打造和文旅的融合等。

六、智慧体验

我将体验归纳为三种类型：服务的体验、沉浸式体验和人性化体验。服务的体验，即智慧化服务的体验，已经有很多讨论。而沉浸式体验则分为多种产品类型，如结合光影秀等科技的主题演出，在北上广已经成为大型消费类产品。除此之外，人性化体验在旅游领域同样重要，尽管科技在发展，仍需关注人性的温度。

七、新技术、新模式、新思考

元宇宙讨论的温度在上升，但目前的技术还不足以支撑元宇宙在文旅行业有突破性的进展。如果元宇宙要真正对文旅行业产生实质性或者革命性的影响，那可能需要它先在通用领域出现超极化的应用，或者说已经有通用领域的超级 IP 出现。

八、旅游大数据中心运营

大数据中心是一个老生常谈的话题，行业中更关注的是如何建立大数据中心，如何实现数据可视化，以及如何从数据中提炼出决策依据，而学界则更多地在讨论数据的准确性、维度和相关性验证。这种对话似乎还未能形成良性有效的交流。

小结一下，我刚才提到了管理、服务、营销和服务体验，如果从管理和治理的角度来看，我认为实用至上，需要能够指导决策，快速高效地使用。而在营销和服务方面，应突出符合用户逻辑和视角，满足用户的期待，并提供超出期待的个性化体验。

九、智慧旅游的学术研究

我国智慧旅游的建设具有鲜明的中国特色，与国外的智慧旅游建设存在差异。我们的特色在于政府和市场的双轮驱动，其中市场化的平台与政府的半官方平台之间形成了深刻的竞合关系。同时，我们拥有超大规模的市场和中国特色的现代化，消费者对数字化的接受程度也是世界一流的。正因为如此，我们的数字化产品在国内竞争激烈，因为最大的竞争对手也在国内。一旦走向国际，这种竞争就会减少。因此，我国的智慧旅游建设已经具备了各方面的条件，产业链成熟，学术体系建立，现在正是等待进一步发展的关键时刻。

大数据背景下旅游需求预测创新理论探讨与实践前沿

吴晨光[①]

一、大数据背景下的旅游需求预测挑战与思考

首先，介绍一下探讨背景。预测的现实意义一直存在，它影响着政府层面的战略制定和旅游规划投资，企业层面的行业分析和运营决策，以及个人层面的游客决策行为。这一重要性不仅在过去存在，在未来将更加凸显，因为数据已经成为推动社会生产力和效率提高的新生产要素。我们亟须探索如何提高预测能力，以便将大数据转化为有价值的信息，从而提升政府、企业以及个人决策的效率。

很重要的一点是，不管是疫情还是国际环境，都处于一个高不确定性的背景之下，这为旅游需求预测带来了巨大挑战。在 SSCI 数据库中，以 "tourism forecasting" 为关键词的研究显示，相关领域涉及 computer science engineering、business economics、social science，甚至 healthcare，且疫情后研究数量迅速增长，表明学术界对此议题的重视。然而，疫情下旅游业的间歇性停摆导致趋势预测失效，行业发展易受政策影响，传统的宏观预测局限性较大，且理论基础在疫情和高不确定情况下显得不足。大数据的应用成为应对策略，它能快速捕捉一次性事件和高不确定事件的影响，提高预测精度。但直接将大数据应用于模型预测缺少理论支撑，使得研究或实践更像是数据驱动（data driven）的行为，这引发了对理论创新可能性的思考。

二、大数据下旅游预测新思路

根据世界旅游组织的数据，疫情之前国际游客人次数和旅游收入趋势相对容易预测，研究者可以通过不同方式和模型进行高精度的预测。疫情之后，结构性的变

[①] 吴晨光：中山大学管理学院教授、博士研究生导师。

化为预测带来了巨大的难度和挑战。

第一个就是挖掘大数据在高不确定背景下的优势,自从 2008 年 Google Flu Trends 进行流感预测后,大数据在预测领域一炮而红,不同的预测领域都喜欢用这些数据。实证研究发现它们可以提高预测精度。不仅有搜索数据,还有在线社会化媒体(social media)的统计数据可以用于预测。文本数据的情感和主题挖掘也被用于研究旅游需求预测。未来,包括在线图片、视频和顾客通话原声的分析将转化为结构化数据,为旅游需求预测提供广阔的研究方向。

在不确定背景下挖掘大数据的优势,大数据发挥了更重要的作用。从数据特点来看,包括文本数据、图片数据;从来源来说,有用户生成的、企业提供的、政府组织提供的,以及它们的交互数据。这些不同来源和数据反映的内容可能不同,可以丰富的应用场景,并通过数据驱动实现多学科融合的理论创新。在挖掘大数据时,由于数据特点、来源和理论的不同,有可能实现理论创新和应用层面的创新,发现新的应用场景,并可通过这些特征实现更大的理论创新。

另外一点就是大数据也使得在方法上面会要求一些创新,比如说大数据还有高频数据,而传统的预测模型都是低频数据,那么这种高频和低频数据可以用混频模型更好捕捉,可以不损失高频数据里面的一些数据特征,来更好地服务于我们的预测精度。

加入大数据,或者是加入一些搜索次数,都能帮助提高预测精度。但是,探讨其理论基础,比如分析哪些主题情感会影响人们的行为,这种对比分析可能会促进理论应用的创新。比如,可以与管理学中的双因素理论结合,考虑哪些是保健型因素,哪些是激励型因素,以理解不同主题的情感对行为影响的差异。

另外,很多大数据都是用户生成的,这样其实是有一定的内生性问题的,需求越多,评论就越多,也就更会影响需求,这种影响是线性影响的还是非线性影响的,或者说它的影响是对称的还是不对称的,以及它的影响机制是怎样的,这些都可以给旅游需求预测提供一些研究话题和一些研究的方向。

应用大数据作旅游预测,出现研究视角从宏观到微观的转向。传统的旅游需求预测都是基于宏观视角,但现在可以探索微观视角,企业维度,比如景区、酒店等,这些领域需要旅游需求预测的技术和结论,并且拥有大量高频和多元数据。即时预测(nowcasting)技术的应用,比如在景区内进行即时预测,可以帮助小摊贩优化资源分配。此外,供应链需求预测和企业韧性的提高也是重要的研究方向。需要思考如何使用这些预测结果,并对政府、企业、个人的应用效果进行评估。

此外,研究视角从单一视角向系统视角拓展。传统的预测只关注一个预测对象,比如地区的旅游收入或人次数,而转为使用系统模型则可以提高预测的精度和效果。这要求定义系统的边界，找到相互影响的个体。例如，预测去云南旅游的游客时，需要考虑与云南关系密切的其他省份的旅游发展情况，将它们作为一个系统进行预测。在这方面已有使用时间空间模型进行研究和探索的先例了。

三、旅游需求预测视角转变思考

方法的创新非常重要。旅游需求预测领域经历了从数字化到数智化的过程，应用了人工智能、文本挖掘、深度学习等方法来获得更好的预测结果。混合智能，即人工智能与人类智能的结合，为我们提供了新的思路。在不确定的背景下，结合人的判断和机器预测的判断预测可能更有效，这就是所谓的判断预测（judgment forecasting）。

在进行旅游需求预测的计量分析时，在高不确定背景下，概率预测比点预测更具预测精度，能为决策者提供更丰富的信息。传统的点预测仅提供一个数字，而概率预测则包括区间预测、密度预测、分位数预测和事件概率预测等多种方法，这些能够给出旅游人次数的区间、概率密度函数、特定分位数的预测值或事件发生的概率，从而帮助企业进行更全面的决策。

我们希望将点预测拓展到概率预测，特别是在高不确定背景下，情境预测比单一情境预测更具优势。单一情境预测适用于没有结构性变化的情况，而高不确定背景下则需要考虑多种变化。可以从不同维度和政策变化来设定乐观或悲观等不同情境进行预测，这有助于提高预测信息的传导。此外，不同地区的政策差异也对旅游需求预测产生影响，这是可以进一步研究的领域。

在现在疫情背景下，旅游业的发展面临很多挑战，但是这些挑战使得我们可以更积极地去思考怎样进行创新，如何进行应对，从而为旅游需求预测以及为旅游学科的发展更好地助力。所以我们应该去积极拥抱这一过程。

旅游教育的实践教学体系的解构与重构：
来自实践哲学视角的思考

韵江[①]

一、旅游教育发展现状与改革探索

第一是面向国家重大需求旅游教育该如何作为，第二是面向人的全面发展旅游教育该如何作为，第三是面向行业变革转型旅游教育该如何作为，这三问考验着旅游教育、每位旅游研究学者和教师在现有教育体系下如何创新变革。谈四个问题：旅游实践教学现状、重新认识实践、旅游实践教学知识旨向、旅游实践教育体系构建。

这一年对所有旅游院校调研和资料收集，包括院校名称、专业和教育基本情况。旅游教育学院名称多，比商学院多，有几十种。最多的是管理学院下属旅游系有46所，经济管理学院34所，真正叫旅游学院的33所，经济与管理学院29所，在商学院下34所，工商管理学院20所，历史文化与旅游学院12所，集中在地理类、经管类、文化类、单纯旅游学院类、商学院等，还涌现出旅游与食品、旅游与健康、旅游与林业等名称，反映旅游在探索，也反映组织体系是否松动。院系多元化，但专业常年就是旅游管理、酒店管理、会展经济管理、旅游管理与服务教育四个专业，70%左右是旅游管理，其他不到30%，旅游管理与服务教育不到1%。问题：专业是否面临调整，机构变了，内核专业名称和教育体系是否应相应调整，是否存在滞后性不同步。

[①] 韵江：东北财经大学旅游与酒店管理学院院长、文旅产业创新发展研究院执行主任、教授、博士研究生导师，全国MTA教指委委员。

二、旅游本科实践教学困境与认知突破

在实践上,选取了 35 所本科高校,对课程教学形式、时长、学期进行分析。实践学分占比情况:10% 以下的有 11.4%,10%～20% 的有 37%,20% 以上的达 51.43%,一半院校重视实践,实践学分占 20% 以上。但实践开展学期多样,有认知实习和专业实习,认知实习 10 所学校在第二学期开,也有在第三、第五、第六学期开的,专业实习从第四学期开居多,时间分布或有问题。调研结果令人困惑,实践在旅游教育中地位重要,课时、学分都占 20% 以上,半数学校如此,老师也说实践是优点长项,对校企合作有重要贡献,但学生反馈和文献梳理发现实践存在问题,学生认为最大问题是实践教学薄弱,还有低技能、学不到东西、是廉价劳动力问题。跟学生交流,他们实践后对专业更动摇了。高课时占比的实践课是长项,但为何没保障旅游实践教学有效性,学生认为实践教学薄弱且评价不高?如何突破旅游实践教学困境?当下对实践教学的认识停留在传统认识上,和老师交流,有的老师强调这是学科特色,不能没有且需强化,但强化后学生不接受。对实践教学的认识有:是对理论和教学质量进行检验的教学活动;是为促成就业、积累行业经验的活动;是强化学生操作化与实践化技能,实践可影响旅游教育实践的设计、内容评估等结果,是专业评估和学科评估重要环节。这些观点强化旅游实践应用性特征,但这种认识是否有偏差存疑,行为改变需态度改变,态度改变需认知改变,对旅游的认识或许有需改变的根深蒂固的东西。

三、旅游教育实践知识旨向与多维实践价值

很多教育领域、学科领域都存在对实践重新认识的问题,旅游教育可借鉴其他领域思考。从哲学层次看,亚里士多德强调几类人类活动:理论性活动,探讨人与自然关系,挖掘规律性真理;实践,是对自身反思,体现人的自由,强调人和自身的关系;制作,是生产倾向,强调人与社会的关系,人在社会创造有价值的东西,他强调了人与自然、人与社会、人与自身的关系。培根实践观建立在人与自然基础上,康德实践观强调人在实践中自然和自由引入,这说明实践不只是操作化、技能化、流程化操作,更是自身知识、人性等方面超越发展。马克思主义实践观强调环境改变和人自身活动改变一致性,实践是人与自然、社会统一的中介。原来对实践理解太单一、片面。真正的实践有三种:一是能动改造管理活动,有工具价值;二是个体通过价值赋予走向完满,实现自我提升;三是改造环境中人与人互动构建、社会规范和伦理道德形成过程。原来把学生放实习单位半年或一年不管不问不合

适,做法需从产品、个人、社会多维度探讨。

对于实践教学的知识旨向,这种多元化的维度代表的实践创不创造知识?实践作为其中一部分能否产生价值?通过文献梳理,认为实践教学蕴含丰富复杂知识结合体。知识结构包括产品维度、个人维度和社会维度,个人维度是个体成长,社会维度是批判性思维,要面向社会发现和解决问题。知识过程有四点:不只是利用知识,还要强调学生在实践中发现问题、创造知识,若只强调知识运用则窄化了,若包括获取、吸收、创造知识的过程则有价值。日本学者野中御次郎强调显性知识和隐性知识转化有四个过程,日本很多学者和教育强调从实践中发现和创造知识,值得吸收。实践是思维走向完善、从低阶到高阶的过程。理论简单且超越管理条件,在运用时需情境限制和引入边界条件,实践能让学生理解情境价值。道德向度是在实践中思考人该如何做、与人相处、奉献社会力量,提升道德维度。从知识结构到知识过程来看,实践教学有可改进空间,希望实践教学能从低阶操作性实践知识到情境化实践知识,再到道德性和更高层次知识创造的过程。

四、构建旅游教育实践体系与创新人才培养模式

基于此,尝试构建旅游实践的教育体系。实践解构,从日常化实践到操作化,从产品属性、个人属性、社会属性解剖。知识旨向上,思考哪些环节创造知识类型或内容。结构上有三种维度,过程上学到什么、获得什么、发展什么,这些是框架。具体路径上,从结构、过程、内容、空间、关系等五个方面解构,建立实践共同体;重新审视原有教学体系;思考大三大四实践时间体系是否合适;思考单一空间实践是否可行;思考调整实践教学中师生关系。

提了很多细化措施,有的在构想,有的已尝试实践。实践共同体应包括政府、公益组织、协会、社区等,旅游实践多元化,需应对很多困难,要建立共同的实践共同体。缺少实践、实习课程指导方案,应在教育体系内建立联盟共同研发。实践教学学分互换,大赛成绩换学分,大赛有理论联系实践、知识创造、竞争挑战等优势。科研促进教学,可给优秀本科生提供科研项目,比赛促学、科研促学、跨界学习等方式可促进教学。

多元的导师团一定要多元化,导师应包括老师、行政、业界专家、思政导师,建立多元化导师队伍能让学生研究有不同视角,对学生启发大,现在学生学习能力强,需多方向指引,包括内容重构、课程、实践方面。如地理制图专业学生结合旅行社需求自学并重新设计线路,效果很好。旅游专业学生要掌握直播技能,这像当年学计算机一样重要,增加大数据发掘、数字文旅等课程可提高应用性。

旅游专业学生既要立地还要顶天，旅游知识除传统学科外还需包括美学、哲学。我们请了文化方面专家，如"只此青绿"、"唐宫夜宴"总策划，茶文化专家，有专家认为生活的尽头是美学和哲学，懂美学和哲学能提升旅游幸福研究层次，旅游专业学生一定要懂美学。

在时间上把实践机制打散，大一就开始实习，先花一两个月认知实践，再加上专业实践和创新实践，大三导师带着做挑战性的学术应用课题，打造多元化机制。空间要重构，包括校内校外、景区、社区、实验室、不同科技企业。在网络和关系上也要重构，多用新对话形式。企业有很多学习平台且有大量案例，如巅峰之夜学堂有几十个几百个案例，学生可结合这些资源。

总体来说，旅游人才未来的趋势是"3 + 1"。"3"是培养政府贤能（做规划政策制定）、业界翘楚高管（实践领先者）、学术大脑（研究学术领军人才）。"1"是复合型人才（包括定制专家）。通过这种培养，旅游学院存在感可增强，东北财经大学旅游学科也在探索。在谢彦君教授理论基底（体验理论铺垫）后，未来要在体验理论上深化旅游学科。一是围绕"文化底蕴、经管特色、创新历史、国际格局"培养文旅精英，二是打造新文旅发展（用体验理论研究，理论联系实际，打造高学历研发平台）。实践上展开"红活新博"："红"（加强红色教育）；"活"（增强创新活力）；"新"（创新，打造新人才体系）；"博"（以旅游为主，"+ 旅游"或"旅游+"）。党的二十大报告虽提到旅游少，但处处与旅游相关，旅游将来是"+ 旅游"，我们尝试建立创新课程体系（理论课论文写作、文旅纵论、邀请实践与理论结合讲座），让学生能用核心理论研究前沿问题（文化、美学、民宿、直播、康养等），还有学生科研项目、实践进阶计划（打散实践，提升实践魅力）。发展学生基础实践技能、竞争能力和抽象化能力（多导师制、多样化导师队伍打造新型平台），包括实验室（行为实验室对旅游学重要，学生要学大数据和应用研究，政府和电信、移动三方共建实验室）、案例中心、融媒体和文创中心、高端讲堂。总体方针是实践驱动研究、研究推动教学，改变原有教学体系（教材多年未变），将教学嵌入实践，形成循环上升创新模式，让旅游教育走向新发展阶段。

情绪价值引导下的旅游发展新思维

李忠[①]

旅游行业面临史上最难困境，70%的景区严重亏损。文旅从业者不能躺平，未来竞争由不躺平的人决定。大唐不夜城和杭州宋城逆势上扬，表明告别宏大叙事，增加情绪密度是关键。

一、文旅项目越发呈现出"瓤"大于"壳"的趋势

先说告别宏大叙事。2020年《看看独山县是怎么烧掉400个亿的》，400亿修一平方千米见方的祭坛。中国文旅曾像建设单位，干搬砖头的活，旅游活干得少，多是宏大趋势，认为修大祭坛就有人来。旅游重要的是利用巧思引发关注。看叶文智策划的凤凰古城《边城》演出，就知他有文艺范，对沈从文《边城》有深刻理解才能如此演绎，这是情感密度。投文旅的跟政府说盖多少建筑、建多大景区，政府不太感兴趣，感兴趣的是里面装什么内容能吸引人。舞台谁都会搭，演出谁来搞，这就是壳不重要，瓤重要。旅游本质是从自己待腻的地方到别人待腻的地方，花时间、钱和体能，买回的是感受。

旅游本质上是一种情感经济，甚至是一种情绪经济。如果我去了迪士尼，没买到欢乐，就是失败的。只要我到了迪士尼，哪怕没买旅游产品，只要变得更高兴了，情绪价值就得到了兑现。

二、年轻圈层社交趋势下的旅游情绪价值个性化需求

旅游从大众消费走向小众或圈层消费，在这个逻辑下看Z世代的情感。喜欢陀

---

① 李忠：华高莱斯国际地产顾问（北京）有限公司董事长兼总经理，城市发展战略专家，清华大学、北京大学等26所院校城市发展课程客座教授。

思妥耶夫斯基的作品，情绪深沉。他说"要爱具体的人，不要爱抽象的人"，"真正的爱是特殊性对于普遍性的胜利，是不算账对于算账的胜利"。圈层交往如世界语"无鳄鱼圈"，不过圣诞节，过柴诞节。Z世代与60后、70后不同，60后、70后朋友交往功利化，是阶层化社交，Z世代是兴趣为王，圈层化社交，和谁一起上路玩比去哪里、玩什么重要，如滑板圈例子。文旅时期，年轻人可把爱好做成事业，像控弦司是明粉，能做明剧的替身，卖飞鱼服和绣春刀。人互相秀人设很重要，能解决身份认同问题，有情绪价值，像飞盘等"小红书运动"受欢迎，年轻人喝草本咖啡是给自己设立朋克养生人设。《三体》成了行内"黑话"，刘慈欣作品受欢迎，他的《流浪地球》有很浓的情绪密度。

三、穿越情绪价值的三类实践案例解析

这种情绪密度我给大家说三类，包括往前穿、往后穿和活在当下。说六个案例，回到过去，再现荣光；活在当下，经营人设；感知未来，触摸梦想。先说回到过去，中国常见，自《寻秦记》后大家爱穿越。穿越有多种方法，像《游园惊梦》这样的沉浸式戏剧、《觉醒酿造师》这样的剧本杀。有开发商或旅游从业者问，项目投一千多万却很火，自己投一亿却没火，原因是没明白玩穿越关键不是花钱，是情绪浓度。有大众和小众的，全民参与和全景复刻。先说全民参与，日本在传统保留方面在穿越这事上做得比我们好，如京都祇园祭，京都按洛阳逻辑建成，日语里到京都叫上洛。祇园祭很花工夫，选"稚儿"、取"圣水"、清洗、坐"神舆"、请神送神。游行全民参与度最高，山车和鉾车表演很重要，山车像布袋戏，由一群人牵引，上面放布袋戏，演出孟东山、郭巨山、伯牙山、埋儿奉母、伯牙绝弦等故事，都是我们的故事且年轻人爱玩。鉾车更有意思，上面坐真人，讲孟尝君过函谷关和尧帝时期传说。每年吸引上百万人，日本高龄少子化却有很多年轻人来，因为他们有不同朝代，可演绎不同感觉，互相打分比拼，情绪代入感强。国内堪称榜样的是长安十二时辰主题景区，是陕文投携手永兴坊做的中国唯一售票商业街区，游客愿为8分钟演出等3小时。在曼地广场，原经营不善才引入景区。长安十二时辰主题IP，因唐粉等对历史剧要求高，陕西文旅让唐粉代表马伯庸写剧本，唐粉温陈华做铠甲，做出高水平作品，使西安旅游关注度暴涨22%。把IP引入商业空间且错位，大唐不夜城是皇家气象，长安十二时辰景区是烟火，是小人物创造的大历史。长安十二时辰街区用三层打造主题空间，包括长乐幻影、穿唐而嬉、通善人间。最大本事是考据，马伯庸是历史学家，每个考据都对。长安十二时辰迈开很好一步，"太上玄元灯楼"打造的仙鹤红楼到位，展示唐诗美学、色彩，还有好玩

的东西,如唐装、香料、手作,399元穿两到三个小时唐服能留人。还有大唐极乐盛宴,纹饰到位,做了很多细节定制,有李白、杨贵妃,有诗酒会,上元节可玩三天,不同职业、NPC角色,可发生很多故事,是很好的夜经济。关键点是考据到位和陕文投与永兴坊履约合作分工明确不崩人设。情绪密度高的沉浸式体验怕穿帮,角色、演出、餐饮更新能让人体会到情绪密度。辉煌数据,是因尊重小众情绪感受,这是回到过去再现荣光。

活在当下,精英人设。人设是人格认同,Z世代生活与以前不同。看成都和西安为何受他们青睐。Z世代喜欢成都,他们要奋斗但非艰苦奋斗,不是到有工作处讨生活,而是到好生活的地方找工作,这是成都魅力。西安吸引人是因对他们而言爱好是刚需、事业是补充。先说事业梦想,强烈推荐日本静冈滨松,是"出世之城",本田、雅马哈诞生于此,宣传德川家康的出人头地之城,有"饺子之城"、"鳗鱼之城"等IP,但选择"德川家康的出人头地之城"。日本"战国三杰"中德川家康智慧在当今时代更重要,他说人生如负重前驱,平稳方能致远。滨松选得很到位,只强调是德川家康起飞阶段之地。中国争名人可借鉴,比如四川乐山沙湾区宣传郭沫若天才是怎样炼成的。滨松沿"出人头地"做专做精。日本和中国非典型宗教国家,拜神看灵不灵。滨松宣传"放手干,有创造力",弄出"家康君"形象,积极向上,口头禅"滨松是第一",赋予人成功运,参加全国吉祥物大赛,2015年家康君第一名,还有一系列形象,宣传"出人头地之城",这是B2C逻辑,B2B逻辑更到位。滨松不光有雅马哈和本田,还有发明光电管的堀内平八郎和发明天才本田宗一郎,想成功和想继续成功的人愿来滨松,能量密度高,和滨松人打交道能发现能量密度和人格认同贯彻在他们心中,用各种方法促进事业。2018年滨松在全日本城市中幸福度排名第一,这是事业梦想。

四、尤金慢跑文化与耐克精神的圣地体验

生活里的人设,尤金是个很有意思的城市,爱跑步的人可去看看。尤金在美国俄勒冈州,该州有波特兰和尤金。尤金有俄勒冈大学,学建筑和规划的人应该知道写《建筑的永恒之道》的克里斯托弗·亚历山大,俄勒冈大学校园是他规划的。俄勒冈大学体育有名,传奇教练比尔·鲍尔曼培养过31位奥运选手和12位美国纪录创造者,他还是耐克联合创始人之一,所以尤金是跑步圣地。尤金是田径赛事之都,这里跑的人感觉自己是普雷方丹,这一人设很自豪。普雷方丹在《阿甘正传》里是重要人物,尤金用普雷方丹打造了慢跑文化和耐克品牌,成了圣地,这里有朝圣跑道,来这的人像是互相朝圣、互相加持。尤金是慢跑友好城市,是慢跑极度友

好城市，到处都适合跑，各种跑法都行，跑鞋种类齐全，到处都像在打鸡血。耐克奥运体验馆在这，有科技有文化。这里的人互相认同，有大量俱乐部和跑团。在商店见面，在酒吧结束，在商店挑鞋犹豫时有人帮忙，从第一年到第二年穿什么鞋都有建议，感觉很温暖。这种认同扩展到棒球、滑雪、高尔夫和漂流，在圣地跑和在其他地方跑感觉不同，这是活在当下。

五、感知未来穿越与科幻及未来旅游发展

专家提到科幻，我们认为科技是理工男搞出来的，但理工男搞科研需要懂科学的文科生。我小时候喜欢读叶永烈文章，没这些文章我对科学不会这么感兴趣。埃隆·马斯克小时候喜欢《银河系漫游指南》，2018年他把特斯拉跑车发射到太空，车上写"made in earth"，还写了"Don't panic"，车里放了《银河系漫游指南》。对未来的幻想很重要，没有幻想人类不会突破。对未来幻想是重要逻辑，让人们合建大船，要告诉他们大海的壮阔，人们向往大海才会探索宇宙。中国开始科普探索。中国第一个科幻产业在首钢园，成都在打造科幻之城，这很了不起。

未来的穿越，一是过去的科幻如今成现实，二是穿越到未来世界。先说第一个，在法国南特，科幻迷一定要去看看。南特是儒勒·凡尔纳的老家，《海底两万里》《神秘岛》是他写的。这里有儒勒·凡尔纳故居，还有很多主题展馆。更重要的是把他书中的很多内容实现了。儒勒·凡尔纳时期是蒸汽时代，他在人类刚发明蒸汽机时就幻想蒸汽机无所不能，在南特岛（科幻岛）这些都实现了。岛上有机械大象、旋转木马，还能亲自操纵类似迪士尼乐园过山车的东西，对科幻迷意义重大。除了现实机械，制作过程也有展示。还有南特国际科幻节，这是欧洲最大的科幻盛会，科幻人士在此交流，关注年轻人，每年扶持一批青年科幻人士。在这里，科幻人士交流后，也许明年你的科幻著作内容就会变成现实，他们之间交流默契，圈子越小众，情绪密度越浓，旅游越好做，这是欧洲的科幻之都。

未来的穿越很能代表今后方向。美国得克萨斯州首府奥斯汀，是得州第四大城市，发展得很好，特斯拉总部打算从硅谷搬到奥斯汀。这里是美国最受年轻人喜欢的城市，有西南偏南电影节、西南偏南音乐节。2018年设计的高科技沉浸式体验小镇西部世界很成功，将《西部世界》剧中场景复刻，全息感强，细节到位，把电影中的东西逼真呈现。

要服务好小众人群，高密度情绪不能马虎。我在新西兰看《魔戒》霍比特的道具，剑上花纹都很精致。我问为何不在电脑上做，对方说，一是剑分量不同，好演员才能把塑料剑挥出铁剑的感觉，铁剑的感觉无法模仿；二是人有敬畏之心，珍

贵铁剑和普通铁剑挥起来动作不同，与其花大钱请好演员，不如花钱做道具。我明白了国内一些东西看上去假是因为人假道具也假。这些人愿意花钱体验对战，他们对《西部世界》很熟悉，人设到位，还有隐藏剧情。演不同戏收费不同，愿意出钱就能有各种体验。这是未来旅游发展方向，价值理性和工具理性中工具要为价值服务，不明确价值，工具就没意义。这是在今天这个时代，提高情绪价值来应对未来发展淡季。

可持续旅游与文化遗产保护

张宏梅[①]

《可持续旅游与文化遗产保护》，我从这几个方面展开阐述：第一个是简单介绍一下《世界遗产公约》50周年，第二个是文化遗产与旅游之间的关系，第三个是可持续遗产旅游的游客视角，第四个谈谈遗产旅游的可持续营销。

一、主题背景

首先是背景。1972年联合国教科文组织通过《世界遗产公约》。在世界遗产保护领域，世界遗产是可以做出很多的贡献的。到2022年《世界遗产公约》刚好是50年，人们既要回顾过去50年的成就，也要考虑遗产保护未来50年的挑战。从全球的角度来看，这50年的成就之一表现在遗产的数量方面。遗产的数量是持续增加的。目前全球已经有1154项世界遗产了，其中文化遗产占到897项，自然遗产218项，自然与文化双遗产39项，这是一个了不起的成就。另外一个是遗产的概念在不断地拓展。新类型的遗产不断地加入到遗产名录当中，已经从早期的古迹、建筑群和遗址拓展到城市中心的一些遗址，另外还有考古遗址、工业遗产、文化景观、遗产线路等等。

在不断扩展的过程当中，出现一个现象——在管理的过程当中，遗产地虽然有明确的物理界线，但是管理可能不仅局限在物理边界里。现在大家形成了一个共识，遗产的管理一定要考虑周边的背景，而且是不同层次的背景。因为遗产的保护跟周边的背景或者环境是唇齿相依的，所以在过程当中就会有更多的利益相关者会参与到遗产的管理当中。

遗产保护和管理的观念已经发生了变化。早期可能是把遗产封闭起来，保护

[①] 张宏梅：上海师范大学旅游学院副院长、教授、博士研究生导师，上海旅游高等专科学校副校长，《旅游科学》主编，中国地理学会旅游地理专业委员会副主任委员。

起来。但是后来发现管护式保护和封闭式的保护可能没有起到保护的作用，遗产反而遭受到更多的破坏。所以现在的遗产管理把遗产的问题纳入一个更广阔的框架。更广阔的框架可能就会涉及当地社区，涉及游客，涉及开发，还涉及地方身份认同等一系列的问题。这样也使得遗产管理变得更加复杂，怎么样在复杂的关系当中实现可持续的发展，保护好遗产，更好地发挥遗产的价值，都是要考虑的一些问题。

联合国教科文组织认为，文化旅游是全球最大和增长最快的旅游市场之一，但旅游业在发展中出现了产品的同质化问题。在全球化的背景下，怎么去营造地方的特色？文化和创意产业是非常重要的源泉。后疫情时期，人们希望通过可持续旅游来帮助促进遗产地的社区恢复经济。可持续旅游将成为管理文化和自然遗产的重要手段。

二、可持续旅游中的利益相关者与国内相关机构

所谓可持续旅游，涉及广泛的利益相关者的参与，包括社区、旅游者。通过项目协调沟通促进产业提供高质量的遗产体验，来充分地发挥遗产的价值，特别是通过旅游的方式来实现遗产的价值。

项目研究要关注人，因为地方要靠人来保护。关注的人，可能是利益相关者、旅游者，他们可能会对遗产保护或者可持续发展做出贡献。年轻人是新一代的旅行者，去参观的时候，有没有想到你具有保护遗产地的责任？你有没有做好准备去保护它们？这方面是我比较关注的一个问题。

国内相关的一些机构，联合国教科文组织有一些二类的机构，其中有一个叫做亚太遗产中心，是联合国教科文组织首次设在发展中国家的一个二类机构，影响力非常大。他们负责做培训、研究等，也推广遗产保护以及可持续。上海有一个中心，北京有一个中心，苏州也有相关的机构。

三、遗产旅游游客视角下的可持续发展与相关理论

遗产旅游的游客视角，也就是所有的利益相关者都会要考虑纳入可持续保护或者可持续服务当中。游客起着什么样的作用呢？从集体的角度考虑，大家整合起来的力量还是非常大的。

什么叫做可持续的旅游？可持续发展提到了三根支柱，发展的三根支柱是经济、社会和环境。旅游业发展模式或者对旅游资源的管理方式一定要同时能够满足

对经济、社会以及环境的可持续发展。

可持续行为是个体行动或者决策的时候更多的考虑可持续的问题。学术界给的定义强调的是意识到自己的行为是有利于环境的，是减少对环境的影响的，或者是有利于社会文化的，或者是有利于本地社区发展的行为，我们才把它叫做可持续行为。放到旅游领域，变成可持续旅游行为。

环境的可持续旅游行为研究在 20 世纪六七十年代就有起步，90 年代之前研究的数量还非常少。1990 年到 2000 年的时候，数量开始稳步增加了。到 2000 年以后，增长的速度进一步提升，目前仍然是热门的研究领域，相关的理论也在不断的发展过程当中。

关于环境的可持续行为，用得比较多的理论是个人价值观理论、新环境范式、规范激活理论和价值信念规范理论、理性行为理论、计划行为理论等，涉及个人的价值观，涉及个人的信念态度等，也包括一些规范、社会因素。可以归因为一大类因素，主要用来解释人的行为意向。另一类的就是动机类的理论，会涉及期望理论和自我决定理论。这些理论里面，加上了环境的限制因素、习惯性因素。相关的理论仍然在不断的发展过程当中。

四、文化遗产旅游的可持续性挑战与理论探索

在旅游业的发展过程当中，文化的舞台化是世俗化的，由于旅游业的发展造成目的地物价上涨、社会分层以及外来资本的进入，导致本地居民的受剥削或者是反而生活水平下降等一系列的社会问题。以往的研究可能更多的是从供给或者从企业那边去考虑，没有从旅游者的层面考虑。

目前对文化遗产的社会可持续行为和环境可持续性行为的理论解释的框架还比较缺乏。所以我这里做了一些简单的思考。第一个是什么样的遗产才可以被纳入世界遗产目录当中去？就是普遍价值以及真实性和完整性的问题。遗产必须要有突出的普遍价值，要符合满足真实性和完整性的要求。

在遗产保护这块，价值导向的遗产保护在 1979 年《巴拉宪章》中已经强调以价值为导向的方法来保护遗产。价值是人类所赋予的，由谁来赋予价值？最早期的时候可能是专家，但现在遗产的保护必须要所有利益相关者参与。所有的利益相关者对遗产的价值到底是怎么赋予的？这里可能存在一个价值冲突的问题，不同的利益相关者对于某一个遗产的价值赋予可能存在矛盾和冲突。这种价值可能也是在动态变化的。什么是遗产价值？遗产价值针对不同的利益相关者来说，他们到底是怎么认知的？这些问题可能值得去考虑。

敬畏是自我超越情感的一种类型，自我超越情感是在自然界或古人遗产面前感觉自身渺小，有 small self 概念，由此关注周围事物并关爱它们，这是利他行为相关理论的逻辑。还有教育和解说问题，这能增进理解，但死板的正规教育有问题，要考虑利用数字化技术进行趣味性遗产教育。已有概念之外，能否有原创东西是论坛强调的问题，是否可通过案例研究、扎根理论等方法技术产生原创理论解释中国文化遗产旅游者的可持续性行为，值得思考。已有相关学者在这方面做探讨和努力，有两个研究，一是基于游客和居民视角开发遗产地的遗产责任量表，提出"遗产责任"概念并测量、理论解释，要开发量表；另一个是构建模型，模型涉及将计划行为和价值规范模型整合起来解释遗产责任行为。这两个理论可用于解释环境可持续行为，也可用于解释遗产责任行为，说明已有这方面的努力。

五、文化遗产可持续旅游与可持续营销

文化遗产的可持续旅游受消费者个人价值观态度和外部环境影响，营销因素很重要，概念是"可持续营销"，营销观念在向社会营销、绿色营销、可持续营销阶段变化。"可持续的旅游营销"指旅游目的地营销要考虑社会、经济和环境多方面。以挪威中文营销网站为例，网站很多内容与可持续相关，推荐可持续目的地、酒店和相关企业，提供环境认证企业信息，与消费者沟通，网站明确提出目的地关注环境、本地独特文化、社区和旅游者。基本思路是通过绿色或可持续营销改变旅游者行为，促进遗产旅游可持续发展，这只是一个路径，还有其他建议推动遗产旅游可持续发展。相关研究在探索可持续营销观点，解决保护环境和社会经济发展的关系，找到平衡，提到与访客沟通和互动式管理等探索。

其他学者从营销角度探索，模型中提到社区、保护和真实性、伙伴关系很重要。营销包括市场细分、市场调研、营销组合等，模型还提到游客注意力、正念、解说问题，相关学者在可持续营销方面也有探索。

有学者将奢侈品品牌领域的审美和本体论两个维度的市场细分框架用于文化遗产旅游，细分文化遗产，考虑遗产地进行市场细分或定位时选择哪部分群体有助于三方面（经济、社会、环境）可持续发展。遗产网站要充分营销，包括传统 web 网站和移动平台，如挪威网站涉及保护、教育信息。以何种方式呈现才能更好被消费者接受很重要。国内有专门提供遗产旅游的网站，包括非物质文化遗产网，新闻联播通过各种方式向公众传达文化遗产、自然遗产价值以促进保护。旅游研究者的责任是理解遗产旅游者，激励其保护人类珍贵遗产，为遗产旅游可持续发展做贡献。

旅游资本：资产化与证券化

第六届『旅游三十人论坛』

走向繁荣的旅游经济

戴斌[①]

一、当前旅游经济形势：新变化、新现象、新机遇

经过三年的深度沉寂，2023年旅游经济进入快速恢复新阶段。在过去的三年，可以说中国旅游经济遭遇了前所未有的萧条，全面影响三大市场、各大业态。尽管我们采取了各种救市的措施，旅游业界也展现了坚强不屈勇毅前行的精神，据我们初步测算，全国旅游经济仍然消失了16万亿元的消费，有超过1000万的旅游业者永久地或者阶段性地离开了。新年伊始，随着旅行和接触性消费限制政策放宽，经济社会生活逐步恢复常态，旅游也迎来了发展的春天。今年"五一"劳动节，出游人数和旅游收入首次超过了2019年同期水平。暑期三个月，两个指标仍然超过2019年。到了今年的中秋、国庆8天长假，旅游出游人数和旅游收入分别超过了2019年的3%和2%，这应该是一个了不起的变化。我说从今年的中秋、国庆开始，我们将不会再提中国的旅游经济的主要指标恢复到2019年的数字。我们基本上已经完全恢复了，年初旅游经济运行受到一些政策效益释放和传导时间的影响，我们走出了一个前低后高、逐步加速的趋势。出境旅游市场也已经恢复到了我们常态化的发展速度和发展规模。

与此同时我们也关注到一些新的变化，如市场层面城市休闲、近程旅游和乡村游开始大幅度增长，旅游方式层面自驾游、亲子游、研学游，以及露营等新业态，特别是自驾游高速增长。今年中秋、国庆长假期，大家跟着旅游大巴出去旅游的人比例在下降，但自驾游的占比上升，在所有旅游出游方式中的占比超过了一半的比例。这给国内市场的高速恢复又带来一些新的变化，在过去的一年中表现非常明显。今天是一个旅游者在定义旅游业务时代，旅游市场需求和消费模式变迁推动整个旅游经济重构。过去一年，呈现出新动能集聚，供应链加速恢复，酒店强劲复苏

[①] 戴斌：中国旅游研究院院长、教授、博士研究生导师。

的态势。据中国旅游研究院的数据表明，旅游集团上市公司营业额和利润额明显增长，如黄山在今年中秋、国庆节假日前夕就达到了2019年全年水平，提前一个月达到历史上最好水平，意味着传统旅游景区也可以跑出加速度；郑州的河南·戏剧幻城开业，已实现连续盈利。中央和地方各级政府对旅游业战略摆位的提高，如出台高规格的文件、开旅发大会、发放消费券、加强路演和招商推广力度等，都意味着旅游消费预期得到稳定的同时，旅游投资的信心也得到明显的增长。

国内旅游投资和业态创新正在以前所未有的速度在向前发展。比如南京白日方舟度假村、太仓阿尔卑斯度假区等围绕城市周边的度假项目以及一些新开业的主题公园、度假区、冰雪旅游项目等。我们3亿人上冰雪的目标已经实现了，过去"冰雪不过山海关"的资源魔咒已经被打破。以融创热雪奇迹为代表的项目在华中、华南都纷纷落地，国内消费需求快速复苏率先影响带动了整个投资项目的开发以及业态的创新。

旅游经济投资相关指标充分证明在过去一年中，以国内旅游市场为基础的旅游经济正在进入快速部署期。由于港澳基础市场恢复、免签证航班加密及旅游产品的研发推广，入境、出境旅游也同样在加速恢复，我们预计全年的入出境旅游可以恢复到2019年的六成以上。

2023年中国的旅游经济快速恢复，也为广大旅游学界学术研究、理论建构、人才培养、投资创新提供了全新的机遇。希望大家能够抓住机遇，在总结复盘的基础之上，面向未来，推动旅游高质量发展。

二、未来旅游经济展望：新阶段、新关注、新赋能

展望2024年，我概括为"繁荣昌盛"。中国的旅游经济将从2024年开始进入繁荣发展新阶段。繁荣的信心首先来自广大农民群众对旅游休闲需求日益增长所带动的消费结构性升级。我们看到现在越来越多的游客不仅仅是来自北上广深中产阶层以上的家庭，包括第一线城市中心城这个区域，中心城市还有中心城镇。它们不仅是旅游目的地，还是旅游客源地，也就是我们用市场下沉来概括这种现象。

从2022年"人生第一张机票"到2023—2024年关注小机场城市，我们对繁荣的信心是来自广大的旅游业者创业创新的信心和越来越专业的能力。未来一年的投资，我们会高度关注城市更新、乡村振兴所拉动的存量资源优化，以及为了消费需求的升级而带来的大规模投资。我们相信在新的一年里，无论是主题公园度假区，还是酒店民宿，以及以科技为支撑的内容创造和场景营造，都会迎来新的投资高潮。投资不仅仅是一个资本聚集的问题，也是一个文化创意和科技动能集聚的发展

模式。人工智能、大数据、AI 等新智能、旅游场景、旅游媒体、高速公路、高速铁路等发展变化都给旅游经济的繁荣发展带来供给侧的巨大的变革。基于我们对需求侧的把握、对消费动能集聚的供给侧的把握，以及政府治理能力和治理体系现代化的信心，我们可以充分乐观的预期来迎接一个繁荣阶段的到来。

对今后一个时期的旅游经济健康和继续发展，我们要关注以下几个方面：第一，要深入地学习贯彻习近平文化思想，坚持用中华优秀传统文化、红色革命社会主义先进文化引领旅业发展方向，时刻把人民群众的旅游权利的实现作为旅游业发展方向。无论是政府的政策、业界的投资，乃至教学、科研、教育，都应该为保障人民的旅游权利实现而努力。要坚持科技创新、科技创意、文化时尚教育等一切可以利用的新动能来推动旅游业从传统走向现代。只要把握人民群众对于旅游消费的新需求，我们的旅游供给就会有新发展。第二，加快建设一批人民群众喜闻乐见的旅游新场景，实施重大文化项目带动工程。只有落到具体的项目空间和场景上，文化和旅游融合才能够在更深程度、更广泛、更高层次上融合发展。第三，加快建设一批文化底蕴深厚的世界级旅游景区和度假区，文化特色鲜明的旅游智慧景区。第四，加快入境旅游的振兴和促进旅游的协调发展，仅有签证和航行还不够，我们要加快供应链的恢复，加快新产品的研发和入境旅游人才的培养。第五，希望我们的教育和科研机构能够为此赋能，让更多年轻人进入到旅游业界中间来。第六，我们要推动旅游治理体系和治理能力的现代化，坚持依法治旅、依法兴旅，让广大的游客和旅游业主对市场环境、消费环境都能够有稳定预期。

各位同仁，各位朋友，让我们一起行动起来，坚持以人民为中心的旅游发展方向；坚持以智慧旅游推动的旅游现代化产业发展的方向；坚持绿色、健康、可持续的发展方向；坚持文明交流互鉴、文明旅游的发展新方向，让旅游真正成为一种生活方式、学习方式和增长方式。旅游经济繁荣发展的未来一定会稳步地在我们的面前徐徐展开。

博观约取，精投细融——
对文旅投（融）资的几点看法

张树民[①]

一、有钱——旅游投资

旅游投资一直是中国旅游业发展的主力军，是支柱。梳理旅游投资的总体上的情况：第一阶段是"五个一起上"。1984年有一个文件，也是呼应邓小平同志当时讲旅游的，旅游事业大有文章可做，突出地搞、加快地搞，所以当时国家、集体、个人、内资、外资一起上。旅游投资这"五个一起上"促进了旅游业的发展。

第二阶段是四个红利期的接续。一是我们享受了开放红利，从1979年到2000年。二是人口红利，从2000年到2010年，主要是靠这个红利在支撑。三是投资红利，标志性的事件是2010年旅游业成为战略性支柱产业，同时资本流动性特别充足。四是融合的红利，就是现在正在发力的文旅融合，现在文旅融合已经做得非常好，实践都在底层。

第三阶段是三个大政策的推动。一是黄金周制度解决了出游假期难题。二是2009年41号文。该政策解决很多的问题，我个人认为解决的最主要的问题是门票未来可以作为抵押物去融资，大大促进了旅游业的投资。三是旅游法，实际上现在民宿的兴盛跟旅游法有很大的关系，如个人利用自有住房，在旅游法里解决了它的合法性。还有两个大领域的并行，一个是旅游投资跟房地产城镇化紧密结合，一个是互联网和信息化紧密结合。房旅融合的时候也产生了一个现象，即旅游事实上跟房地产形成了依附关系，然后互联网突破日活的局限。投资是双向投资，强调大循环应该走出去，但是实际上走出去的很少，如华侨城六七千亿的总资产等，但基本上只在柬埔寨有一个"吴哥的微笑"一台演出。其一是我们意愿是缺失的，我们在国内的机会多。其二是我们的能力是受局限的，我们很多的商业模式和我们的设计理念都是从国外来的，所以想出去在国外领先还有一个过程。其三是旅游投资一度

[①] 张树民：华侨城（深圳）旅游发展集团有限公司执行董事、党委书记、总经理。

造成一些浪费，主要是沉没成本、资产僵尸化、决策者的偏好、长短线的资金错配、缺少敬畏心等。我跟大家报告一下我个人的观察：一是产能过剩和隐性的行业评价。如果再这样下去的话，这个行业很可能就被定性为一个浪费行业。二是社会财富透支的影响。我们实际上也在透支社会财富，因为捆绑着房地产，很多的项目形成的沉淀的资本是杠杆。我们现在消费降级跟过度建设有很大关系。三是产业分工没有形成。现在这么多企业在同质化竞争，我认为一个产业还是要有一个系统分工，大企业、有能力的央企或其他企业，是有责任去做行业标准的。专业化的企业如携程等去做专业化的事去挣专业化的钱，占领专业化的市场。小微企业就围绕着生态去赚这个生态的钱。但是我们现在其实这么多年的、那么多万亿元的投资，没有形成这样一个产业分工。四是人才总量增速缓慢，建议社会的培训机构，如旅游景区职业经理人联盟培训专业人才，提升旅游景区管理者的投资、运营能力。

二、花钱——一门学问

花钱是门学问，也是做企业的感受。第一要分析局中人，此外，主要有两个主力即政府和企业，以及其他咨询机构或者是行业协会等。政府主要掌握资源力和政策力，企业主要掌握的是产品力和运营力。我们现在政府的资源力跟企业的产品力结合得很好。但还要注重可持续，将来政策力跟运营力要很好地结合，其中桥梁就是共情力，即找到一个交集，政府对企业了解，企业对政府的决策也很了解，目前这方面还有很多的事情要做。第二是两种主体的局限不同。国资企业输在效率，胜在风控；民营企业输在冲动，胜在灵活。

我认为目前产业政策总体还是缺失的，第一类政策是多强调推动、强化、促进，没有解决改革成本问题。第二类政策是直接作用到业态，规划出来多少个区应该是什么业态，但其实业态应该是企业做的事情。2023年9月27号国务院办公厅的文件，文旅部也让我作为一个解读者，我当时写了篇文章谈到我欣喜地看到它的变化：一是涉及了工程持续性的投入，二是关注了企业，三是锁定了入境旅游，四是留足了弹性。第三类政策是约束政策。目前投资还是受很多的约束，产业政策不清晰。

我认为投融相长是力久之要，投融并举是发展之魂。我们有的时候要自投，有的时候要外融，这样一个企业才能好。我总结了投资项目几个基本规律，或称密码，一个密码是区位，是要素密码；一个密码是一定要留白，不能把一个项目填得太满；还有一个投资条件密码是一定要事先算赢，要跟这个业主方谈条件；最后还有投资人才密码，一定要有全才。企业融资层面，我总结为"非必要不融资，只分红不卖身,可赌石别赌命"。

三、缺钱——山重水复

目前企业还是不太受关注,整个社会可能关注的更多的是企业为什么不降价?为什么不把产品做好?但企业实际上是经济组织,它第一个是要盈利,不盈利就没有这个企业,没有这些企业,整个社会的市场就会出问题。所以我强调的就是忽略企业的市场基础性作用,忽略企业的诉求和规律可能都会承担代价。整个行业现在其实都是面临着增长乏力,目前行业价值需要全面的评价。

四、赚钱——乐观展望

赚钱要有优势,需要大企业的投入,一是把握特殊优势,特殊优势即巴菲特说的特殊环境。查理芒格说要有商业的洞察。现在大企业都需要在很有优势的特殊环境里有很好的商业洞察,然后再反思。二是融合生长和小项目的突破。三是一定要盘活存量,存量是我们现在最大的机会。四是支柱替代,没有地产了之后,还需要有其他支柱。

五、投资——任重道远

中国旅游业最大的幸运一是社会资本没有被金融资本吞噬和控制。二是中国旅游业源源不断的资本逐步转化成了如如不动的低效资产。三是资本资产化和资产证券化有着不同的基础逻辑和历史使命。因为从企业的角度看资本还是要尽量能够减缓其资产化的步伐,资产是尽量地能够变现;证券化是整个资产变现的一个好手段,但是也不容易,有很多的因素。最后是希望大家共同研究一下企业这个学术富矿,同时也是中国旅游业的未来,一些研究的方向有企业家精神、核心竞争力、研发能力等。

当下的旅游经济和未来的投资转向

厉新建[①]

一、当下经济研判

旅游经济其实在2023年上半年,以及前三季度整个经济的恢复状态还是非常好的。三季度数据中人数增长、收入增长等。2023年上半年人次增长78%左右,收入的增长大概是82%。把三季度加进去,基本上有3%左右的再进一步的提升,人次有80%的增长,收入基本能够达到85%。除静态数据外,从整个国民经济发展大格局来看,效果可能会更好一些,如三季度GDP增长大概是5.2%,商业增长大概是6.0%。如果说关注到住宿和餐饮,大概增长14.4%,在这里面我们可以看到旅游的内在动力。从可支配收入增长和消费的增长来看,旅游有非常强大的动力,人均收入增长大概是5.9%,消费增长是8.8%。如果把文化娱乐、旅游教育方面考虑进去,大概增长16.4%,从数据上来说,是非常好的一个发展势头。但数据背后,我个人觉得可能需要从三个方面去看:

第一,我们怎样去看这个显著的变化?这些显著变化既有政府角度的,也有企业角度的,还有消费者角度的。从政府角度来看,9月27号国办发若干措施里面请了很多的专家去对方案发表意见、对若干措施进行解读。其实提出这个系统方案之后,希望能够对行业有更多的触动。从企业的角度来说,我们可以关注企业在今年过去这段时间当中,企业对研学市场、老年人市场的大力开发。从消费的角度来看,可以关注到,像特种兵旅游、城市微旅行等需求压抑的释放、体验的深化是我们可以去关注的。

第二,我觉得有两个深刻的印象,第一个深刻的印象是现象级的热点不断涌现。如淄博烧烤等展现出一个旅游目的地对外来游客的好客度,是旅游目的地或者重塑旅游目的地发展过程当中非常重要的动力源,也包括社交媒体的重要作用。特

[①] 厉新建:北京第二外国语学院首都文化和旅游发展研究院执行院长、教授、博士研究生导师。

种兵旅游、微旅行体现出市场不同的消费者规模化的崛起，反映出经济恢复、消费乏力大背景中，旅游市场的强大的适配能力和自我调整的能力。从现象级再进一步深化，比如说特种兵旅游，对年轻人我们应该怎么样去关注他们？从产品上来说，我们怎么样去提供适合他们消费的产品？作为旅游目的而言，现在都在强调适老化体系的构建，旅游目的地是不是要建设成一个对青年友好型的供给体系？其实这些都对我们提出了新的挑战。另一方面，村超、村BA、天津跳水大爷也形成非常鲜明的对比。第二个深刻的印象是政府对入境旅游的关注程度前所未有，包括对6个国家的单方面的免签政策、15天免签政策的开放等。背后包括国际型的旅游目的地建设，和平的、友好的外部的国际环境等。在入境旅游发展中，会面临两个方面的挑战，市场消费力是不是可以持续有力的支撑？产业的投资力是不是可以得到快速有效的补充？

第三，过去三年市场受到严重冲击，投资显著退化，退化的产业投资能不能在2023年、2024年或者未来一段时间能快速弥补回来？在市场发展过程当中，以往的投资形成很多投资存量，存量怎样消化？在新的背景当中怎样去重新建构起商业逻辑？在原有旅游房地产逻辑模式难以为继的情况下，现在的市场当中其实还没有形成行业级的新的商业逻辑的这种创新，在这个发展的过程当中能不能吸引到足够多的业外投资的助力？民营企业的旅游投资能力是不是会重新活跃？这里面也是要打上一个问号的。在发展的过程当中，其实我们还面临着很多难题，需要再进一步地去化解，找到答案。2024年还是需要持续地去注重技术，坚持长期主义，推动持续发展。这是我对当下经济一个大概的判断和看法。

二、未来投资转向

对于企业投资，一定会关注市场的变化。一是以往关注比较多的是地方品牌的塑造，下一步是不是需要更多地关注在线声誉的管理，包括舆情监测管控、社交传播、社媒传播的优化等。二是文旅融合大背景中的旅游演艺从规模化的、大型化的、定点化的，是不是会更多地向流动化、小型化、节点化、更多科技运用去转变？三是看世界和看懂世界之间也会完成一个新的变化，如解说系统的革命，包括方式、内容、队伍。四是怎么样讲好中国故事，以往我们讲是去看风景，那未来或者现在其实已经表现出这种变化——我们不仅要看风景，我们还希望看风景当中的事迹，如旅拍等类型中景观价值的空间价值变现、情绪性价值变现、认知性价值变现等，包括我们今天讲场景的时候，怎么把它理解为一个气氛化的空间来带动消费者的情绪消费，其实都很值得进一步思考。五是投资是不是要从增长向理性的发展去转变？叫好叫座是只围绕着领导叫好、专家叫好，还是最后真正的市场叫好，叫好之后人来了，是不是会产生大量相关的消费？能不能沉淀下来？

在社交媒体发展的过程当中，我们大家都在讲"去中心化"，但实际上在社会经济发展的过程当中，我们是不是要关注到"去中心化"这样一个伪命题？我个人觉得是一个伪命题，我们需要重新去看待再中心化的问题。今天网红城市、网红打卡点出现，一定是再中心化的过程，不是去中心化的。在投资的过程中，这些问题都值得关注，其他还包括产业链的投资、生态圈的重建等。变化的背后，我个人觉得有四个方面的投资转向：

一是我们在发展过程中非常关注增长期打造，包括背景、资源、传播、信息扩散等。那下一步城市更新，或者大量休闲资源的县域，会不会重新进入到开发的视野当中？传统旅游消费模式下的产品稀缺时，导致大量标志性景区景点或目的地的建设，下一步会不会再进一步扩散到更广泛的空间当中去？我们在以往关注更多的是远方的旅行，下一步会不会更多地关注附近的吸引力？这些在今天社交媒体的传播加持、赋能下，以往想象不到的一些投资机会可能也能迸发出来。

二是以往我们在发展的过程中对资源的依赖是非常强的。以往很多投资是资源本位型投资，下一步可能需要从资源转化为资源所在的空间和资源所在的环境，那么环境的价值、资源的价值怎么样去释放出来？以往资源本位发展过程或投资过程中，其实就是卖原材料，下面我们是不是要做深加工？卖资源、卖原材料之外，我们怎么样转化为卖产品、卖业态？我们在下一步投资的过程当中可能会发生一些新变化。今天互联网时代大家都比较关注内容生产，实际上在今天最大的内容就是玩法，玩法是内容，玩家是生产力。我们在一个旅游目的地发展过程当中，可能需要关注怎么样通过玩家来带动大家，怎么样通过小众来带动大众，怎么样去关注环境，怎么样成为舞台化的价值？面临政策约束的情况下，我们怎么样去做一些低设施依赖的业态和轻量化投资的项目？我相信这也是未来投资中我们可以去关注的。

三是房地产的回报模式向核心业务赋能增值的模式转型。2018 年改革开放 40 周年的时候，我们专门写了一篇文章，提出了三个重新审视的问题，包括旅游要素——什么是我们在旅游发展过程当中可以依赖的要素？在发展的过程中我们应该遵循什么样新的投资逻辑？在高质量发展背景当中我们怎么样重新去审视过去的旅游发展的逻辑？我相信这三个重新审视在今天来说也是适用的。这种适用在转向当中需要去关注。我们原来是规模红利的、投资红利的，现在需要向能力红利、创新驱动去转变，用提质增效上台阶的方式，关注回报模式、增值模式变化。在发展的过程当中，我们讲投资回报时不能一味地把发展重点放在"价格再怎么下行，我们还有钱可赚"，不是要通过价格竞争把我们的竞争对手赶走，而是要通过价值把我们的消费者牢牢地留住，投资回报在这个增值的过程中是比较重要的。

四是在文旅破圈发展过程当中，需要再进一步关注从有意识向有意义的转变。文旅融合之外可能还需要有更多的融合，包括文体旅融合、文商旅融合。"旅游让文化能够被看见"、"文化能够让旅游被记住"，只是一个最初级目标。文旅融合和其背后的终极目的应该是跟文化自信、跟国家认同密切结合。现在大家都讲多巴胺消费、讲情绪价值，但我相信在情绪价值之外，我们还需要关注内涵性价值或认知性的价值，我们需要在有趣、有意识的基础上，通过投资来带动更多的产品向有品位、有意义去转变。在发展的过程当中，我们既需要通过文化来增强它的内涵，通过旅游来增加它的流量，也需要通过商业的方式来推动变现，这里面有商业空间文化的问题，文化空间沉浸化的问题，沉浸空间体验化的问题，体验空间旅游化的问题。这里面包括文化怎么样给旅游消费提供仪式感的差异性，我们怎样通过体育来给消费者增加它的技术性和社交性，我们怎样通过旅游为消费者提供时空性和趣味性。我相信在发展过程中也是可以进一步关注的。这就是我想跟大家分享的几个方面和转向。我个人觉得我们今天经常讲"投建运管"，投资其实只是第一步，投资建设好后怎样通过运营去更好地释放出来价值，需要我们进一步关注。

旅游的另类资本性：三重视角

孙九霞[①]

旅游的另类资本性，从"另类"这两个字来看，就不是正常的资本，或者不是我们所理解的资本。旅游是一个非常复杂的产业。首先关于旅游投资一直会存在轻重资产的二元的划分，但无论怎么样，它都在呼唤文化的加持。旅游投资不能只从金融的角度来估算它的经济效益和风险，商业逻辑容易导致出现一些同质化问题。去年论坛我讲了一个没有成长的增长主题，事实上在一些地级市区域条件不太好的地方有一些过度的投资，那里不是没有钱，也不是没有项目，但从项目建成之日起就是它关门之时，看着真的特别糟心。旅游投资运营跟目的地发展的社会责任其实是两个问题。好的企业一定是要赚钱的，赚到钱、运营得好才能谈社会责任，事实上社会责任或社会效益是一直需要去考虑的。同时我们也要思考旅游资源、资本和资产转化的多元可能，既然它非常复杂，那么有没有转化的一些可能性？这使得旅游资产的金融属性也开始下放和拓展，比如说从无形资产到有形资产，从旅游商品到游客教育，从物质财富与精神富足开始同频。在这样的背景下，旅游投资如何创造出经得住时间检验的长效益，并且在兼顾商业目标的同时实现旅游资源、资产、资本的转化？在经济属性之上，我们从哪些角度理解它的资本属性？所以在这里首先要看一下对旅游资本性的再解释。

资本内涵和类型是非常多元的，意味着能够带来剩余价值的价值，具有自我繁殖的特征。资本类型从经济学范畴也完成了很大的拓展。像布迪厄演化出文化资本、社会资本和象征资本，从本质上来看，资本不是物，而是体现在物上的社会生产关系，是一个历史范畴。从这个层面来说，资本是具有社会文化属性的东西。关于证券化，社会学范畴下旅游的资本性，需要有很强的社会文化基底，其内涵是要从旅游的本质来看，旅游是社会文化发展的一个产物，它不仅仅是经济层面的，是

[①] 孙九霞：中山大学旅游学院教授、旅游休闲与社会发展研究中心主任、博士研究生导师，珠江学者特聘教授。

产业属性，还有另类的资本性。另类资本性的解读有三个视角。

一是从消费者视角来看，旅游是一种消费活动，但人们在某种程度上可以通过消费的参与来完成自己个人资本的转化，如社会地位或社会声誉的获得。这里是说通过旅游的体验这种特殊的旅游消费来获得社会地位的提高。

二是从经营者视角来看旅游中的经营，以返乡创业为例，人们在城市生活中没办法融入的时候返乡，甚至没有足够的经济资本，在社会网络也是有限的情况下，通过旅游的经营来获得各种各样的社会资本和文化资本。

三是地域的尺度，即旅游资源，它开始突破边界或突破完之后再重新建构一个边界，如场景化媒介社会。地方很难突破以往的区位劣势，旅游恰恰是可让一个地区能够实现地理流动。人的流动往往是指社会流动，地理流动是地区的区位层级可以发生一个跃升。上述是我后面要讲的三个视角。

一、消费者视角

消费者视角，人们可以通过旅游活动来完成资本的获得。资本获得是要参与各种各样的活动，也是布迪厄所强调的文化资本，是一种内化于个人外表与精神的素质，是一个客体化的文化资本。旅游体验隐含着一种很强的文化资本性。

"现代的旅行完全是一种文化和独异化，旅行是主动策展式的，是为了寻找特殊地点、特殊时刻的'真'"（安德雷亚斯·莱克维茨）。现在有学者在讨论独异化社会，在社会资本中，比如说背包客或旅游达人，通过依托长期的、独特的旅游，走别人没有走过的路，一个普通的城市白领或者一个普通人，完成一次英雄造就之旅，实现整个阶层跨越，成为一种拥有着诸多社会资源和自己 IP 的人物。如特种兵旅游我觉得它依托集聚性的流动来快速累积旅游阅历，完成一个"人无我有"的体验。

此外，可以获得一种独异性的资本。在新型的旅游方式中寻找一种自主性的生活，如生活方式型的移民，不一定完全都是为了获得资本，但确实是在追求一种独异化的存在。如上海二胎夫妇，去上海周边租了个农场，300多亩地，几百亩池塘，让两个孩子在那里种地、回归天性、心性，是彻彻底底的独异性的资本。如徒步，因为雨崩村一直没有通公路，梅里雪山背面的一个村子，现在准备修路了，我想在修路之时、路通之时，是这些驴友们非常悲催的时刻，他们可能会觉得很绝望，因为获得这样体验的地方又少了一个，我可以从这个地方角度来理解。然后户外的徒步，现在很多人在追求小众的，或者我即便不能到别的地方，也要在城市里完成，此时他可以完成自我的升华。

二、经营者视角

经营者的视角如创业和资本的链接。它可以通过旅游经营来链接各种各样的社会资本。旅游经营者通过旅游创业有两种链接方式,一种是扎根式的资本,一种是生长式的资本。

对于扎根式资本,我们把它叫做由外向内扎根的社会资本,即它原先是一个外来的,但是真正地扎根到社区。比如我就认识的一个人,我曾经还写了一篇小文章叫《一个村跟一个人》。这个人比当地人还当地人,但是他的身份是一种多元叠加的。在那里他融入了真正的乡村生活,挖掘了当地的能人,并且跟邻居之间是守望互助的。当然也有磨合和适应,他觉得你们的观念不行,我的观念会有不一样的、另外一种陪伴式的带领。他挖掘出六户主人的特长,跟他们一起成长。还有一种是外来的,如跨文化的旅游业,通过跨国婚姻、跨国家庭实现跟社会文化资本的协调。阳朔是非常有名的,有两个现象,一个是阳朔当地的农民讲英语,另外一个是当地的农民嫁老外和娶老外的都非常常见,特别注意叫"农民嫁和娶",这样的一种社会资本的跨越是非常不一样的。

生长式资本是自下而上生长,或者是由内而外生长的一种社会资本。当地、本土的一些人,原先因为有一些旅游介入的可能性,然后带动整个地方的发展,撬动社会资源,同时自己也获取了一系列的社会资本。

三、旅游资源视角

最后一点是旅游资源开发和资本的转化,想回答的是地方资本是一种特定的资本,总是在给定的场域中有效,即资源化或区位。地方资本的整体性在旅游中可以帮地理区位或者地理资源获得流动。其他的服务业和或者现代工业可能没有这样的功能。我简单地把它结构化地分了两类,一个是原生资本,一个是创生资本。

原生资本比较容易理解。比如山水甲天下的阳朔,山水资源的开发和转化为这里的业态提供了一种将整个资源转化成资本的平台。文旅融合也提炼出地方特色的资本价值。原先阳朔是山水,后来有了刘三姐,就觉得它不只是山水,也有人文,其实这只不过是一台演出,但是整个的资源结构发生了变化。

创生资本大家非常熟悉的。原先没有人知道淄博,我的老家是潍坊,如国际风筝节等,现在淄博风筝好像比潍坊更有名。它是流量城市,流量资源经过开发和转化,消解了原来等级的层级性。它没有最顶级的资源,但因为游客买账买单而提升了资源区位。

另外，创生资本不仅是一个在地化的，更是一个廊道式的，如旅游通道的资源组合可以转化为廊道资本，是一个跨地域的、跨地方的转化过程。这是通过一种旅游者的流动实践而实现的。我们总结了一个词——"种树式的资源整合"，如松赞酒店是一种业态，也是一种吸引物。

消费者、经营者、目的地是透视旅游另类资本性的三重视角，这三重视角的核心本质都是通过强化人与地方的关系程度，促进旅游资源的整合与优化，从而实现资本的创造、链接与转化。文化资本、社会资本和地方资本是旅游资本性的三种表现形式，三种资本在旅游实践中创新了资本的获得方式和生成路径，它启发我们可以用更广阔的视角或更多重的意味去看资本。因此通过旅游另类资本的解读可以引发我们对旅游供需关系的一些再认识。

上市公司旅游资产证券化的模式与案例

陈玉罡[①]

我是研究金融的，包括财务与投资、并购重组、财富管理、国资与国企改革。我分享的内容是上市公司旅游资产证券化模式与案例，包括旅游资产证券化的主要模式、资产证券的实施条件和需要资源及案例分享。

一、旅游资产证券化的主要模式

旅游资产的证券化从财务角度和投资角度来看比较简单，即把未来能够产生现金流的资产拿出来变现。旅游资产证券化就是把能够产生现金流的旅游资产拿出来变现，主要是有效盘活存量资产，特别是旅游行业大量的重资产，可以通过证券化的方式来盘活这些存量资产，另外就是可以降低融资成本，发行股票的融资成本比较高，通过信托的方式融资成本也比较高。但如果通过资产证券化这种方式，融资成本只是前者的5%～7.1%，可以大大降低旅游行业企业的融资成本。主要类型国内市场主要是通过 ABS 资产支持证券和 ABN 资产支持票据。可以证券化的资源一类是旅游景区门票收入这种能持续带来现金流的，一类是基础设施包括饭店的收益权和信贷资产。旅游基础设施通常通过贷款证券化，一般旅游基础设施建设都有贷款，本身是一种债权，这种债权是可以通过资产证券化来变现的。旅游基础设施收益未来可以产生不断的收入来源，也是可以拿来变现的。社科院研究把这个模式分成了四类，第一类是景区入园凭证的模式，如到景区开始买门票，这种收入来源可以把它证券化。第二类是景区二次消费模式，如进到景区以后要坐索道、小火车等二次消费，这些收入也可以证券化的。第三类是景区综合发展模式，用整个景区的综合收益来做证券化。第四类是酒店资产模式，运营酒店的资产可以做证券化。

[①] 陈玉罡：中山大学管理学院教授、博士研究生导师。

第三类的景区综合发展模式，即把整个景区的入园凭证、二次消费，包括景区运营的管理权、收费收益权以及酒店、场馆等基础设施收益作为基础资产来发行证券，典型案例有平遥古城景区、韶山红色景区、世茂酒店物业权益型房托资产。

第四类的酒店资产模式，如云南世博花园酒店资产、彩云之南酒店资产、上海鲁能万豪侯爵酒店资产。目前证券化在旅游行业大概发了22支产品，有20支产品是 ABS，即证券，另外两只是 ABN，是票据。绝大部分资产实际上是国有的，实际上国有资产是比较容易做的。

二、资产证券化的关键要点

一是怎么样确定合适的基础资产。最重要是现金流，即资产能带来现金流，能带来稳定可靠、低风险和可观的现金收入。另外是各资产之间的性质相趋同，如果是综合模式，各资产之间性质要相对趋同，资产的信用评级高，应收利润等统计数据容易获得。二是结构和设计问题。我们要设立一个特殊目的公司，金融里面叫做 SPV。三是金融资产的真实出售，由这个特殊公司成立专项资产管理计划，把基础资产先买进来，装到这个特殊公司里面，然后再用特殊公司去做运作。四是基础资产和权益托管，如万科由专项计划发起人和第三方托管人签署监管协议和托管协议。五是信用征集，这是资产证券化里非常重要的，资产产生现金流，但它也有可能遇到某种情况出现危机，在设计时通常分成优先级和次级。优先级是可以卖给大众投资人的，风险较低；次级是风险较高的，通常由上市公司来买或者是主体来买，它是贡献比较高的次级。六是发行资产支持证券并支付基础资产购买价。即跟交易所签订协议，因为证券化以后是通过交易卖给大众的。七是管理资产，清仓本息。

三、核心案例展示和分享

接下来分享一个案例——万科的松花湖信托收益权的资产。万科的松花湖滑雪度假村项目，第一个特点是资产特别重。要投很多钱，周期特别长，并且不是每个月都有收入，只有在冰雪季的时候才会有现金收入。第二个特点就是融资渠道窄，融资成本非常高。相比于传统的债务性融资，通过资产证券化可以优化债务结构，即把债务变成股权，盘活存量资产，为度假区提供新渠道。万科是 2018 年 ABS 最后发行出来的，其成本大概是 5.26%，融资成本相对来说是非常低了。这个产品在 2020 年提前清仓终止了，终止的原因就是疫情对旅游资产的现金流产生了影响。

在设计过程中，原始权益人贷款信托的委托人和差额补足义务人、流动性支持承诺人几个角色全部都由万科担任。基础资产是吉林省的松花湖国际度假区开发有限公司的资产，信托的受托人是中建投信托股份有限公司，基础资产是万科股份，依据借款协议对松花湖度假区开发公司享有的 10.59 亿元的标的债权，债权是基础资产，对应的底层资产是度假区的滑雪场、王子酒店、青山客栈等产生的全部收入。项目的特点第一个就是双 SPV 的交易结构，采用的是信托收益权加专项资产支持计划来做。第二个特点是采用了五大征信措施，包括分层结构设计、超额现金流覆盖、经营收入质押担保、征信是差额支付承诺等。

资产证券化启示层面，一是要强化资产的运营能力，构建可持续基础资产。二是完善交易结构的设计，通过交易结构的设计让能够产生现金流的基础资产变现，把资产盘活。三是合理使用资金，想办法提高景区的盈利能力。

旅游资产：确认、计量（估值）与报告

杜兴强[①]

旅游从本质上一开始就与资产产生了紧密的联系。在高质量经济发展过程中，各项资产都产生了入表的需求，现在旅游资产的入表已经成为大势所趋。从微观层面上如何进入企业的资产负债表？哪些旅游资产以什么样的方式在报表的什么方位进入企业的资产负债表？这些问题成为现在关注的热点。社会旅游资产如何进入国民经济的账户也是热烈讨论的问题。资产包括但不限于旅游资产，通常是可以分为三个类别。

第一类为硬资产，带来规模效应。我国的经济发展此前好多年都是以规模效应取胜，最大的缺点就是抵御风险的能力比较差，任何人工、材料成本的上升，宏观环境的变化，都会让原来具有的规模效应优势不再存在。

第二类为软资产，最大的特征是可以给企业带来超额盈利能力。与旅游资产相关，很多平台掌握着大量的客户信息。平台所掌握的客户信息作为一种重要的软资产如何量化？如何进入报表？进入报表的什么方位？这些是我们需要关注的问题。

第三类是虚化的资产，但其实它并不是资产。旅游资产有很多附加价值，估值的过程中夹杂一些噪音，比如说寄情效用。很多旅游景点价值是和文化混杂在一起，景点的价值和文化的价值怎么分离成为一个重要的问题。

一、旅游资产入表的标准

旅游资产入表第一必须符合资产的定义，第二必须要能货币计量，第三要确保货币计量与资本市场、与社会、与投资者、与利益相关者所要求的信息是相关的，最后对旅游资产的计量要具有可靠性。

[①] 杜兴强：厦门大学管理学院会计学系主任、教授、博士研究生导师。

资产定义层面，资产最核心的一是未来的经济利益。二是项目必须为企业所拥有或者控制拥有。三是资产必须是过去的交易或者事项形成的，这个给旅游资产带来了很大的挑战，因为旅游资产的形成除非是新开发的、新发掘的，否则很难找到过去的交易或者事项证明这项资产就是唯一企业所拥有的。四是资产必须要能够用货币计量。按照这一项列入财务报表的大多是物化的类型，大量没有办法用货币计量的那些软资产是很难放在财务报表上的，而这一部分资产恰恰是最有价值的，如旅行者的偏好信息等，隐含的价值是有可能给企业未来带来巨大的经济利益的。

旅游资产计量层面，从财务会计学的角度来说，计量有两种，一个是历史成本，一个是公允价值。很多显性的旅游资产它是没有历史成本的，且历史越悠久，越难以找到它的历史成本。所以旅游资产的公允价值就变得很重要。公允价值是熟悉情况的双方在一个公平公正的资本市场上自愿进行资产交换或者债务清偿时所达成的交易价格。所以活跃的市场、活跃的交易价格和活跃的参与者缺一不可。

公允价值的几种形式，第一种是 mark to market，即公开市场中的活跃报价；第二种是利用可观察的信息，如根据类似资产仿照、参考来确定旅游资产的估值；第三个叫做 mark to model，即没有这项旅游资产，没有公开报价，同类的资产也没有，我们叫估值。公允价值的估计只能用于有形旅游资产的估值。一旦涉及无形资产的估值，如旅游者信息等就比较麻烦。这就要引入旅游资产实物期权的估值。实物期权的估值相对复杂，首先要满足四个条件，一是旅游资产的价值应该近似于正态分布。二是选择在期权有效期内有恒定的、相对无风险的利率。三是旅游资产可以分割。四是不存在无风险套利机会。净现值模型适用于有形实物的资产的估值，实物期权模型相对适用于比较无形或者说未来前景不确定不明朗的旅游资产的估值。如果用错了估值方法，不仅没办法入表，而且很有可能把一个好的项目给 cancel 掉，把一个比较弱的项目或不太符合未来发展趋势的项目立项了，这样的此进彼出差距相当之大。

二、旅游资产入表的五个层次

旅游资产有很多文化因素嵌入其中，有时候价值高，很可能不是旅游资产本身的价值高，而是文化吸引了旅游者，怎样把文化因素从旅游资产的估值或定价中进行分离，恰当地分离就变成一个重要的任务。确定旅游资产应该如何进行计量或估值的问题之后，接下来的问题是我们怎样把它在财务报表上进行报告。可以把旅游资产入表划分为五个层次，第一，相关性如实反映，可定义性以及可计量性都符合要求的旅游资产，这是核心信息层进入财务报表的表内；第二，相关性、可靠性、可定义性均符合要求，但如实反映这些可靠性存在着疑问的旅游资产，我们可以把它在报表的附注中进行披露；第三，相关性可计量性符合要求，但它是不是一项资产以及能不能可靠计量存在着疑问，我们可以给它进行表外披露等；第四，报告那些除了不符合资产的定义，其他标准都符合的资产，这个也是表外最后一项；第五，除了相关性之外，其他的几项标准均不满足的旅游资产就要慎重考虑是不是要把它纳入财务报表的体系中，在一个什么样独特的方位把它进行报告。五个层次实际上改变了原来传统的财务报表中非此即彼的情况，即要么列入报表，要么不列入报表，可以相应地在财务报表的不同方位进行多样化的报告。

国内旅游类上市公司股票投资价值研究

左冰[①]

当我们在阅读国内的统计报告特别是旅游统计报告，以及跟旅游界行业人士交流的时候，大家普遍都特别希望能梦回 2019 年，疫情之前的黄金期，可回到 2019 年就真的很好吗？我们做了一个观察，由于数据局限只能拿到上市公司的数据，发现 2019 年之前旅游收入、人次增长是很快的，可是公司的表现却令人失望。现在 2023 年我们恢复了，2020—2023 年行业发展的基本面越来越好，但旅游类的上市公司在股票市场上的表现却不尽如人意。2019 年之前，景区、酒店和餐饮公司，我们用它的股价指数来计算都是在下跌的。但是在疫情期间，它们的走势还不错，特别在 2022 年最吃紧的一年，居然股价的走势会强于市场的基本面。我们这里说的市场不是指旅游市场，是指股票市场，居然会强于整个的股票市场，并且在 2023 年的恢复期到现在为止，股票市场恢复了，但是旅游上市公司的股价又下跌了，所以当考虑这个奇怪的问题时，我们很想知道如果我作为一个投资人，我会怎么想这件事情？我们为什么说旅游业总是缺钱？但是又看我们的 M2 那么多，好像不断地有很多刺激计划出台，为什么我们会缺钱？不是我们缺钱，而是人家可能不愿意投钱，就是他拿到钱，他可能投到别的行业，而不会投资到旅游。所以我们就很奇怪，到底旅游值不值得投资？我们的价值在哪里？

一、宏观市场情况

从经典的理论来说，市场上有两个派别，一个是大盘，我们看基本面，另外一派看技术面，两者都会有一些争执，可能对于不同类型的企业，他们的解释力是不一样的。我们找了一些公司的数据，想知道这个市场到底是一个什么样的状况。第一，为什么它会背离？第二，究竟它值不值得我们去投资？怎样才能去融到资？

[①] 左冰：中山大学旅游学院教授、博士研究生导师。

旅游上市公司投资企业的投资价值是参差不齐的，差异度非常大，我们的资产利用效率很低，其实旅游公司、上市公司不缺钱，我们的负债率其实是很低的，合并才40.99%。个别公司由于并购，资产负债率比较高，但总体来说现金流不错。如大部分景区企业负债率其实并不高，但分化很严重。很多上市公司的资产增长都源于重组资产。上市公司的负债也不高，现金流相对来说也比较充足，对公司自己来说，为什么我们缺钱融不到资，市场也不愿意投资？最重要的其实是市场的预期或市场对文旅类公司的估值是偏向于亏损或负面的，即心理价位是比较低的。进一步研究，我们发现为什么2019年之前的表现并不好呢？是因为市场预期并不好，不认为旅游业发展好，旅游公司能挣到钱或旅游企业有投资价值，这是两回事。市场预期因子的解释率非常高，受到这种心理的负面定价的影响，整个市场的表现就不太好。疫情期间突然又表现好，原因在于大家不知道该怎么预期未来走向，即市场预期的负面评价被打破了，大家就会更加地关注这个企业能否盈利，能否成长。

二、上市公司情况

行业受损反而导致大家抛开基本面的表象，去真正地看企业究竟值不值得投资，更多地看到企业个体公司的价值。所以我们发现行业发展得很好，景气度很高，并不代表这个企业就值得去投资。根据我们的模型对上市公司做了一个排名，分行业来看，旅游综合类行业，如中免免税品的牌照就非常得值钱，所以在市场上它获得的投资的价值很高，估值也非常好。景区行业因为现金流充足，偿债能力很强，但问题在于它的成长能力不太好，能看到它会有现金流、营业收入，但看不到它成长的未来前景。餐饮行业的偿债能力是比较弱的，盈利还可以，但是整体的投资价值成长性不足。酒店行业主要是通过提高行业集中度，特别在疫情期间，刚好提供给资本方一个抄底的机会，行业集中度是在提高的，最重要的就是酒店，通过兼并，能够通过抄底的方式相应地提升它的估值。

三、市场投资影响

不管是基本面还是技术面，最重要的还是要从心理的影响考虑，它还是服从凯恩斯的选美理论，大家是要在里面选出不是说自己认为好就好的，而是要市场普遍认为好，大家说它好它才会好。在基本面受到影响的时候，投资人会更加理性地看待这个企业的投资价值，即技术面的影响，最终落实下来具体还是企业的盈利能力、成长能力和运营能力，即使行业景气也不一定代表着公司的运营能力或者成长能力就很好。旅游行业的研发投入成本其实是相当低的，也是成长能力不足的一个很重要的原因。希望未来的数字经济、人工智能在旅游业应用，能够极大地提高企业的运营能力，提高整个市场的高质量发展水平。

对于好的上市公司投资，一是资源的稀缺性，不管你是拿到这个国家的免税品的牌照还是其他，都是很重要的。二是一些文化类企业，投资价值或者估值也是很高的，其实也意味着文旅融合提升企业的价值。文化资本是非竞争的，是排他的，不是跟科技企业同一个赛道的，有自己的特征。如果发展到文旅融合，一定会给整个旅游行业的高质量发展带来很重要的提升。

价格、利润与投资：
关于国有景区定价的几点思考

谢彦君[①]

今天跟大家要分享的是基于产业政策方面，国有景区、一般景区都是旅游产品。既然是旅游产品，就和价格有关，而这个价格将决定利润，从而也可能影响投资。

一、国家宏观政策评析

2018 年 6 月，国家发改委出台一个文件，要求重点的国有景区全面降价 30%，最终目标是免票。当时实际上国内旅游学术界是没有多少反应的，后来有一些反应基本也是举双手赞成的。《旅游学刊》组织了一组文章，作为一个专题，我表达了和学术界不同的意见，我认为国家发改委那个政策不合适，这组文章是在 2019 年 7 月发表的，现在我又重新地检索了一下整个国有景区，5 年过去了，实际情况被我言中了。我从 1987 年开始从事旅游教育，37 年坚持了一件事情，从 1999 年基础旅游学出来以后，我坚持在旅游学科里边提旅游体验是旅游理论的核心，一直坚持到现在。在实践层面，从宏观角度仅仅两次对国家的宏观政策提出了批评意见，一次是 2015 年在洛阳会议上，我对全域旅游提出了不同看法。我觉得全域旅游这个提法不合适。第二个是对国有重点景区定价，我这篇文章里几乎全面否定了景区门票实行 30% 降价，以及最终走向免票这个方向。

依据我长期研究得到一个比较强烈的思想上的启迪，我感受到中国先秦思想里边对我们整个世界最有影响的精髓性思想就是那个"因"字的使用，因地制宜、因人而异、因时而异、因时制宜。全国抓全域旅游的时候，那个"全"就和先秦思想里边的"因"是背道而驰的。全是和一刀切相等同的，但是和因地制宜、因人而

[①] 谢彦君：海南大学旅游学院教授、博士研究生导师，文化和旅游部中国旅游研究院旅游基础理论研究基地首席专家。

异这些是不同的。2019 年出台政策时，当时的 5A 级景区门票价格 140 块钱以下占 90%，免费的和 20 元以下的占 11%；2019 年最高门票才 260 块钱，现在最高门票变成 360，整个不是下降，而是增长。2019 年发改委再次发文督促落实的时候，事实上是遇到很大阻力。五年之后，国家发改委的整个产业政策并没有得到充分的落实。原因可能是没有充分地考虑到整个景区，虽然是国有景区也要挣钱，也要维持运营，如果免费的话，就涉及国家财政转移支付有没有能力给财政补贴。当时提出了种种理由，如国有景区是全民的、公共所有，每个人都有游览的权利。我提出了一个概念，就是假如实行免票最后确实是名义上是全民公有，但是它实质上会不会全民能够共享？旅游是一个组合性的产品，不是单一以景区门票决定你能不能旅游的。那么如果北京故宫免票了，可能是北京市民通过预约或者其他的形式经常享用。而国家发改委出台政策时所设想的美好前景，其他民众还涉及机票、饭店、住宿等种种的花费，实际上是不现实的。经济学界里林毅夫和张维迎两个人就国家产业政策有非常激烈的争论，我总体上比较倾向于林毅夫的观点，也就是国家对企业、对产业可以实施产业政策。但张维迎在批评林毅夫的时候，他所指出的产业政策实施过程当中存在的种种弊端，也是应该去思考的。所以在旅游景区、国有重点景区定价的产业政策支持方面，我们可能就没有照顾到种种比较复杂的因素。

二、政策对资本市场的影响

从理论上来讲，事实上旅游产品比较特殊，效用理论和劳动价值理论可以共同地来告诉我们，旅游产品的价值绝对要有特殊的对待。基础旅游学中把黄山、故宫这类产品叫做资源依托型产品。考虑到资源补偿问题、环境消耗问题、资源稀缺性问题、游客购买意愿等问题，这类景区如果免票的话，对于其他主题公园类的景区的投资的排异作用会是什么？这绝对不是单独的一个现象。国家的产业政策应如何在方向上进行引导？如果国有景区的价格定得偏低，虽然在表面上可以践行我们的公共资源、公共物品为全民所有的观念，但实践上我们的人民是不可能真正做到全民享有。中国城乡差距、东西部差距以及贫富差距和美国、西方成熟社会的情况都不一样。如果不考虑到这些，再不考虑到价格政策对其他整个市场的其他的资本的这种影响，以及投资的排异作用，那我们的产业政策可能就会得不到有效的施行。国有重点景区能够呈现一种高效益的话，会激发私人资本的转入，社会资本就会转入拉动投资，扩大旅游产品的供给总量，完善供给结构，激发良性竞争，然后整个市场活力才会起来。

我们需要去反思我们的国家政策的落实到底是否有理有据，还是有现实的可能性？需要从各个维度来思考问题，到底免票不免票，应该因地制宜，不要全国一刀切。免不免还是降不降，两个最大的指标，一是会不会大幅度改善游客的景区内体验，二是能不能大规模带动游客的景区外消费。必须有针对性地进行研究，最后才能得出结论。

总体上来看，考虑到对资本的影响，对投资的引导，以及景区对垄断的稀缺资源的消耗补偿，还要考虑到当前中国存在三大差距、增强市场活力等，我觉得现在要求国有重点景区进行普遍降价不合时宜。归结为一句话就是产业政策问题涉及治国方略，需要我们有针对性地、因地制宜地推进。

旅游投资的思考

严旭阳[①]

一、坚定信心

从产业的角度，一个产业未来有没有发展空间跟这个行业未来能不能吸引到的更大的需求是最直接相关的。产业的发展是由需求带动的，从需求角度来说，随着中国居民收入水平的提高，一个方面是边际消费倾向的提升，另一方面是文旅消费的价格弹性相对较小，两方面决定了未来文旅产业发展就像资本市场经常讲的戴维斯双击，也就是量价齐升。技术创新与产业的投资是密切相关的，技术对产业发展的推动大概有三个层面，一是技术解决，强调难点解决和技术创新、广泛运用。二是解决人的痛点。三是空间的盲点，即技术要在什么位置上来提供社会效率。新技术形成一种新的生产力，解决难点、痛点、盲点，如果能找到这样的机会，那么这个产业应该是值得投资的。

我研究比较多的是餐饮，旅游业里面旅游要素第一素是吃，以新中餐为例，设想到2035年，90后、00后基本不会做饭，80后也不想做饭，70后退休人员相当一部分人会做饭，但他不愿意做了。如果说这么多人都不愿意做饭，就产生一个巨大的需求，我用一个术语叫"天亮需求"，未来餐饮行业商品化率会越来越高。我们现有技术不能够适应未来状况，唯一办法是创新，创新的根本是要提高要素的生产率，实现餐饮的自动化、在线化和智慧化。

二、未来假想和设想

未来的餐饮会是什么样，我想提出一个假想——烹饪机器，假定一台烹饪机平均烹饪一道菜8分钟，10万台烹饪机2个小时能烹饪150万道菜。但这样的餐饮企

[①] 严旭阳：北京联合大学旅游学院党委副书记、常务副院长、教授、博士研究生导师。

业现在没有出现，还是处在我们的盲点中。另外再说一个设想——未来我们的家庭里面没有厨房了，有一个智能的烹饪终端，或叫智能的烹饪机，每到周五、周日晚上的时候，家庭成员主持家庭会议，决定下个星期吃什么，把要吃的菜谱发给它，然后平台会按照菜肴的标准化菜谱配备食材，发给冷链的标准化储藏中心，冷链中心得到指令之后，通过冷链把这些食材送到家中烹饪机里头。现在其实这些都是已经非常成熟的技术了，未来每位家庭成员在下班之前只要通过手机发布一个物联网指令，到家里之后饭菜直接拿出来就可以吃了，我们所有的休闲也都可以完成了，都有充分的时间，我觉得可能这就是未来家庭饮食的基本模式。同时，烹饪机会给出非常详尽的数据，这一餐到底吃进去了多少维生素、多少蛋白质、多少无机盐，这个数据是非常充分的，对于健康管理、休闲康养都是非常重要的。除了家庭餐饮还有社会餐饮、国际餐饮，如果有了这样的烹饪机以及一套标准化体系，我们未来在国际的餐饮的输出就不是输出厨师了，而是输出设备和标准，这个空间可能是巨量的。

数字普惠金融对农旅融合的促进机制研究

李志勇[①]

旅游不管是提旅游资本化还是去资本化，实际背后都有很强大的资本在支撑。

一、数字金融服务推动普惠金融

普惠金融是指一切通过数字金融服务推动普惠金融的行动，主要运用数字技术，包括计算机信息云计算、大数据处理，为无法获得金融服务或缺乏金融服务的群体提供的一系列正规的金融服务。数字普惠金融的优势，一是能够保障弱势群体获得正规的金融服务，二是数字交易平台成本比较低也容易实现，三是能促进资本积累、经济赋权等。目前已经有 80 多个国家推出数字金融服务。世界银行报告中，2011 年到 2021 年，全球正规数字金融账户拥有率从 51% 达到 76%。在中国约 80% 的群体使用支付平台。数字普惠金融作为解决公平效率问题的杠杆，推动 G20 的各国政府在国家层面采取行动，利用数字技术推动普惠金融，倡导从技术创新、基础设施、法律监管和消费者保护等方面构建包容性金融发展的体系。2021 年，我国也印发了"十四五"国家信息化规划，提出了数字普惠金融的服务优先行动。

数字普惠金融助力共同富裕奋斗目标的达成，在积聚社会资本，实现包容性经济增长、消除贫困等方面发挥重要作用。数字普惠金融成为产业转型的重要动力，在供给端优化资本，特别是促进产业服务化的转型，能够促进产业间要素流动，还能够提高企业的创新能力和数字化水平，有利于劳动密型产业的服务化转型。从需求端刺激消费增长升级，提升服务体验，通过制度设计缓解资金流动性约束，拓宽投资渠道，增加收入多样性等，促进消费者对服务体验的需求的转变与升级。

[①] 李志勇：四川大学旅游学院副院长、教授、博士研究生导师。

二、数字普惠金融推动农业向旅游业转型

农业向旅游业转型成为缓解全球农村衰退的重要抓手。农村衰退是人类社会当中的农业经济向城市工业经济、知识经济转变的必然过程。农业从生产功能向旅游体验功能转变是克服乡村衰退惯性的重要举措，这也符合库兹涅茨的事实。我国乡村振兴的要求和广大农村地区的农业转型资本动力不足的现实矛盾非常明显，所以农村的发展尤其农村的乡村旅游的发展很多是要靠资本的，但资本一般是看不上的。所以前期资本一般是靠大城市的周边乡村旅游发展比较好一点，但很多稍微远些的地方都是很难获得资金支持的，所以在中央一号文件中把数字普惠金融作为乡村振兴的一个重要方面。发展休闲农业与乡村旅游需要财政和金融政策的大力扶持，但只借助国家的大型资本基本上是很困难的。在财经政策上要加大整体扶持力度，将有关乡村建设资金向休闲农业集聚区倾斜。在金融政策上要创新担保方式，搭建银企对接平台，加大信息信贷，扶持休闲农业和乡村旅游的项目，保证落地。

三、数字普惠金融对产业转型的促进效应和机制

数字普惠金融对产业转型的促进效应在理论上没得到一致结论，一方面数字普惠金融具有产业聚集效应，有助于金融资源的持续积聚，聚集和积累对农业产业高质量发展有边际递增的后发性优势；另一方面，经济发展的区域性差异将加大数字鸿沟，阻碍区域均衡发展，边际效应显著递减。数字普惠金融对产业转型的促进效应还是作为平衡效率公平的关键手段，有利于改善资金的可得性，促进增长收入和减轻农户贫困的脆弱性。同时，也有局限性，体现在规模和范围经济效应、数字技术的排他性、金融市场的逐利性。数字普惠金融具有规模经济和范围经济的特点，需要一定的人力和生产成本，否则也可以变成数字鸿沟，由于农业向旅游业转型的风险也比较大，资本的青睐度并不是很高。产业转型的促进机制研究集中在创新和金融效率方面，比如，促进创新、创立机制、研发创新投入、创新效率和数字技术的创新等。

金融的促进机制，金融资本的有限和不平等分配是限制农业向旅游业转型的关键因素。这一因素是资本需求远超原始资本积累、存在投资大于潜在回报的风险。弥补数字普惠金融的"产业集聚"和"数字排斥"，各地区应该根据地区的特点规模，超前谋划，为数字普惠金融发展提供硬软件支持。在理论上结合金融发展的理论，将数字普惠金融与农旅融合整合到同一个概念框架，根据金融发展理论揭示金融发展与产业结构重塑的相关性。反之，金融抑制，尤其是利率控制和政府过度干

预则对地区的产业结构调整和经济发展存在不利影响。同时也回应相关的研究，关于将数字金融引入农村发展、拓展相关理论体系的呼吁，以及学界业界应系统探索系列关系，提供更深入的分析。

四、数字普惠金融对农旅融合的促进效应具有"效率性"

我们选取 31 个省份为案例地，揭示数字普惠金融产业转型促进效应的异质性。数字普惠金融对农旅融合的促进效应具有"效率性"。随着数字普惠金融水平的提高和发展程度的加深，其发展红利愈发显著，印证了"梅特卡夫定律"，启发地区结合数字普惠金融背景，从农业向旅游业转型的角度扎实推进共同富裕的实现。数字普惠金融对农旅融合的促进效应存在"不公平性"，印证了循环累积因果论及经济发达地区对欠发达地区产生了逆冲效应。劳动力、资本和贸易被吸引到经济活动逐步扩大的地区，这些资源的流入，促进该地区的经济发展。

数字普惠金融显著促进了农旅融合。从政策层面来看，能够促进政府对第三产业的关注度；从产业层面来看，有助于促进金融资源向农村倾斜，增加对第三产业的信贷供给，是实现农业转型升级的合适手段；从劳动市场来看，促进农业和非农业经济活动的扩张和再生产，以及非农创业和就业，从而促进农业向旅游业的转型。

数字普惠金融对农旅融合的促进作用呈现边际效应递增。同时，数字普惠金融对农旅融合的促进效应存在不公平性。一方面由于集聚效应、金融市场的逐利性和数字技术的排他性，数字普惠金融倾向于向更富裕、地势更平坦的地区倾斜，对弱势群体的扩张效应是有限的。另外一方面，金融发展水平低、基础设施落后、农民金融素养不高等因素，也进一步促进了数字鸿沟的形成，使数字普惠金融在短期内难以带动欠发达地区的农业转型发展。

五、研究启示

一是有机结合数字普惠金融和农旅融合，充分释放数字普惠金融的作用。各地区应该着力推进数字基础设施的建设和均衡布局，鼓励和引导投资流向高附加值的新兴农业旅游项目，提高数字普惠金融和农业旅游的经济效应，实现经济的可持续发展。

二是充分评估数字普惠金融的发展阶段，发挥数字普惠金融的边际效应。

三是结合地区优势，有效推动数字普惠金融的发展。各地区根据自身的特点和规模，充分来进行推进。

数字经济背景下文旅资源开发与价值转化的思考

应天煜[①]

整个文化和旅游产业在数字经济时代，相关资源的开发和价值转化之后，是否会遇到一些新场景、新问题或者新逻辑？数字经济是以数字化信息、数据要素为关键的资源，以互联网平台为主要的信息载体，以数字技术的创新作为驱动，数字技术的创新驱动作为牵引，以一系列的新模式和业态为表现形式的经济活动。学者们认为数字经济有四个核心的特征，即数字化的信息、互联网的平台、数字化的技术和新型的经济模式和业态。数字经济强调数字经济和实体经济之间的相互的深度融合和协同发展。实体经济的数字化转型离不开全方位的数字创新，包括作为实体经济底层的资源等。文旅产业天然的复杂性和整体性，决定了整个文旅产业的数字化发展必然需要构建开放包容的产业生态圈，主要依托平台企业，充分发挥网络效应，优化资源的配置，形成各利益相关方共建、共治、共享的数字共同体。

一、文旅融合发展呈现新特征

一是文化内容资源的无限。腾讯游戏里有个 40 米高的大佛，基础数据是五台山一个不知名的小庙门口台阶上面一尊小佛龛，通过石像扫描，然后社群化的开发者群体不断地往上面加各种的元素。我以为他们会把整个乐山大佛的一个 IP 做下来，其实不是。他们做游戏里面的场景，数字渲染技术已经做得非常得逼真，以至于可以放到拍电影以及放到虚拟的或者数字文旅的相关的场景和空间中。

二是文旅产品的时空的无界。虚拟空间、物理空间以及虚拟和物理空间的交融，其实会产生很多的产品消费的新时空。

[①] 应天煜：浙江大学管理学院旅游与酒店管理系主任、教授、博士研究生导师，"百人计划"研究员。

三是消费者群体的身份的多元，一方面 Z 世代数字群体已经是原住民，成为新的消费群体。同时在很多情况下消费者本身也是文化内容的二次的生产方，会引发商业模式的跨界融合以及产业治理的数字赋能。

二、文旅产业生态革新新需求

数字化深刻地改变了文旅产业的内涵边界和组织形态，带来了文旅产业生态革新的需求，包括文旅资源的价值转化、文旅数字资源的价值转化、文旅企业数字创新能力的提升、产业组织形式的数字化的重构以及公共服务和治理体系的数字化的创新。一是数字资源开发转化问题，二是产业组织逻辑变革问题，三是企业数字能力建设问题，四是平台网络主体协同问题，五是复杂产业动态治理问题。在此，聚焦数字资源开发转化的问题。

文旅的数字资源最后还是会以数据的方式加以表现或者表达。数据是以电子方式对信息的记录，是具有经济和社会价值的信息的载体，也是数字文旅资源的基本的表达方式。但仅有数据还不够，我们想要的其实是数据要素，从数据转化为数据要素。数据要素是依托数字资源形成的形态稳定、产权清晰，能够市场化流通、规模化应用、参与经济循环、实现价值提升，进而产生经济社会效益的初级数据产品。2019 年 10 月党中央十九届四中全会将数据纳入按贡献参与分配的生产要素范围，2020 年 4 月，国家出台关于构建更加完善的要素市场化配置体制机制的意见，提出了五大生产要素是要进一步优化和培育的，包括土地、劳动、资本、技术以及数据。2023 年 2 月出台《数字中国建设整体布局规划》，3 月国家数据局组建，意味着现在从国家层面从原本在后方去监管数据的流通，到已经带头开始统筹和优化数据资源作为生产要素的配置。

三、文旅资源要素化及开发转化

目前所有文献讲数据要素的时候，从数据要素转化成数据产品，往往讲的是基于经营性数据提供数据驱动的解决方案。但文化和旅游产业讲数据要素或数字驱动文旅资源要素化的时候，不只是给解决方案。

一是数据要素化，将数据资源加工成数据的初级产品，并按照市场化的机制参与社会生产经营活动，释放数据要素的价值。生产要素往往会涉及三个阶段的形态转换、确权和定价，即从数据资源转化成数据要素，再从数据要素转化成数据产品。

二是数字文旅资源的要素化开发和价值转化，要明确文旅数据要素或数据资源到底包括哪些，文化和旅游的融合包括文化的数据资源和旅游的数据资源。一般情况下，我们讲的文化的数据资源是文化要素，文化素材在国家层面会有一些公共的文化要素素材库或者资源库，包括腾讯跟敦煌做敦煌的数据文化素材库等，特别是 OTA 或者平台性的企业有大量的经营性的数据。文旅的数字资源要素化开发和价值转化的过程中，一是要去看市场的需求，二是文化要素在进行转化时往往会涉及 IP 的建构和数字化的开发。文化资源数字化包括物质文化的数字化，非物质文化的资源，还有用户生成的文化资源。三是基于资源的采集做价值转化，整个生态相应的构建也会涉及很多的问题，如文旅数字资产的交易服务和相应的管理问题。数字文旅资源的开发和价值转化的新命题总的基本的逻辑是我们希望能够从数据的资源化或文旅的数据资源变成文旅的数据资产，并且进一步地变成文旅的数据资本。

断裂、变革与创造——
入境旅游恢复与发展中的企业响应

韵江[①]

一、如何研究旅游企业

旅游企业的研究其实很特殊,其行业生态具有特别强的关联性和生态性,企业决策时要考虑利益相关者。入境旅游开放之后,旅游企业该如何做,不仅仅是自己的行为,而且要考虑到多个方面如外部环境的不确定性、国内国际的旅游竞争的加剧、国际地缘政治带来的不确定性、海外民众的负面认知、中国入境签证的流程烦琐等。一是旅游需求的快速变化提高了企业输出高质量产品和服务的难度。二是营销推广体系的破坏降低了企业链接客源与合作伙伴的触达性。三是入境旅游的人才流失削弱了企业快速响应的能力。

二、如何跳出旅游看旅游

我们的认知一直停留在旅游里面去考虑旅游,但是如果能跳出旅游看旅游,会给我们拓展很大的空间,包括从适应性到创造性,旅游企业响应的认知逻辑可以发生一定的改变。适应性响应就是在现有的传统的实践范围内进行的改变,然后关注相对明确的产品及服务的创新。旅游的传统行业有三个要素,即景区、旅行社和酒店。要跳出旅游来看文旅融合,包括研学+文旅、交通+文旅、美食+文旅等趋势和创新空间。要从向内看到向外看,旅游行业利润低的原因包括竞争激烈、壁垒低。如果仅在内部,很多局限性仅停在旅游里,很难找到快速的出路。要加强路径创造,从网络断裂到认知改变到路径创造,包括三点:

---

① 韵江:东北财经大学旅游与酒店管理学院院长、文旅产业创新发展研究院执行主任、教授、博士研究生导师,全国 MTA 教指委委员。

一是资源重组。具体包括资源、资本、资产等。旅游有很多的资源，即使具有垄断性的资源，它也很难规模化。技术创新成为资源重组的利器，带来旅游资源的焕发。以前旅游三大资源，即"三老"老天爷（自然山水）、老祖宗（名人故居）、老字号（传统、历史渊源、人文），今天技术创新又给我们带来了新的、创造性的资源。渠道更新层面，包括故宫文创创新、旅游博览会、旅游交易会以及人才计划等。

二是知识重构。旅游企业产业链及旅游具有跨学科性，复杂性，且需要大量创新和反思。以前的知识很多属于存量知识，城市更新、乡村振兴解决存量资产问题；创新、数字化、大数据、人工智能解决增量知识问题。此外，民宿既有住宿功能，也有环境、社交功能，未来民宿是住宿＋社交，对新时代的民宿提出了很多要求，我们需要重新认识民宿的功能和价值。

三是能力重塑。从资源的重组到知识重新创造，最后提升旅游企业的能力。旅游企业永远在创新，永远在迭代，永远在竞争，所以持续的学习能力是旅游企业构建核心竞争力的砝码，也是旅游企业应该大量构建的，还包括协同能力的打造。行业生态有时候是大企业建立的，也有是小企业建立的，这种生态在风险抵抗以及能力提升上特别重要。

资源、知识和能力是旅游企业创新和未来发展的极为重要的三个点。资源层面现在有很多垄断性资源和非垄断性资源的划分，也有优势资源和弱势资源的划分；知识层面旅游企业的知识库应该是什么样的？能力层面旅游企业需要什么样的能力？期待各位学者和老师们、同学们能够多关注旅游企业的发展。今天很多知识体系、假设条件和市场结构都在变化，我们的学习体系、结构也都在重塑，原来是旅游企业、旅游学科在研究旅游企业，未来能不能成为商学院以及管理学科未来的研究对象，让他们重新认识旅游企业的价值，都是我们未来的研究重点。

旅游中的声音景观

沈涵[①]

声音作为一种旅游资源,如何去创造一个地方的品牌,进而去构建一种文化认同?声音随着科技的发展,已经越来越多地被人们所意识到,它不仅仅只是我们感官的一种印记,而且能够成为一种具有独特文化内涵和能够创造一种集体记忆的非常特殊的资产。

一、声景研究回顾

声音景观研究近十年呈现飞速的发展,包括历史街区、声音舒适度、视听交互等都成为我们研究一个目的地形象及相应品牌的一个非常重要的抓手。从旅游目的地文化空间构建来看,声音是一种叙事,它能够参与到文化空间整合、内容创造以及听众感受文化空间的意象,是共筑文化空间的数字化表达的重要途径。此外,它也是情感之路,声音能够触达我们的记忆,进而引发我们对空间的想象,然后使得声音具有一种特殊的、地域的、文化的价值和意义。人们在听觉社区中,彼此能够构筑出身份的认同和价值。此外也可以创造一种互动,尤其随着数字化发展,音频构筑了以声音为中介的交往,形成了场景中全新的交往方式。大量新媒体应用、新技术应用使得我们的声音不仅仅只是一个感官信号,而是赋予更多的创新以及价值增值的过程。声景研究在1929年被提出,1977年谢福提出了更多的有关于声音的研究,到2014年国际标准化组织非常明确地给予声音定义,相应立法也在欧洲率先发起,2018年,威尔士政府提出了以声景为主题的国家策略。

[①] 沈涵:复旦大学旅游学系教授、博士研究生导师,国际旅游学会常务副秘书长。

二、声景应用现状

中国古代大量唐诗宋词中有很多声音以及声音所创造出来文化意向。园林当中如苏州园林、扬州园林、日式园林等，我们可以看到大量利用山景而创造出来的一些景观。现代学校教育中如留守儿童神经疗愈的校园也是建筑学中非常重要的研究话题。在技术推动下，声音开发，如微软开发针对盲人的导航 APP、冰雪寻声、北京冬奥会声景地图等都是非常好的应用。所以对于声景和旅游的结合在未来是一个非常重要的发展方向，能够创造出我们对地方深度的情感化认同。国际上应用如新加坡樟宜机场使用水漩涡、美国音乐家"消逝的声音"等节目，都记录了古老的声音以及濒临消失的声音。如我们有一位音乐人在新疆记录声音，他将赛里木、戈壁滩、胡杨林等地独特的声音制作成专辑，把声音与地方的特性进行了很好的结合。又如日本 100 个甄选的声景，也是一个国家级的非遗项目。

三、声景资产化发展

在大量旅游和声音的结合当中，声音在数字化赋能之下，实现了价值增值和资产化。如音乐有声读物、语音识别等都可以作为一种声音的资产。旅游中把旅游目的地和声音经济价值结合，能够提升目的地的形象，也是对于声音资产化的运作。现在品牌发展中，声音能够形成品牌资产，如"英特尔"、语音助手"Siri"、"迪士尼"等，在消费品牌中，声音正在成为品牌非常重要的资产构成。

一个非常重要的声音资产化的途径是 NFT。国内现在 NFT 市场已经是几乎关闭的状态。但在国际上我们可以看到 NFT 尤其是在声音领域飞速发展。NFT 在旅游的研究中，如地方声音、非遗音乐等应用，以及数字化资产的转化，都是非常好的方向，通过发行 NFT 可以迅速募集资金，积累数字资产化。目前各大音乐出版商都在积极地布局音乐和地方以及旅游场景的结合，挖掘声音的价值。资产化形式层面，旅游行业中一方面可以通过保护和传承的方式来实现数字技术助力声音资产保护和传承，从而实现声音作为一种数字化典藏的 NFT 转化，另一方面是活化和再现在很多场合当中消失的声音，如儿时小贩叫卖的声音，外婆呼唤回家吃饭的声音。大量声音随着一代人的迭代在快速消失，如何把这些声音作为重要的地方记忆传承下来，我们可以通过活化和再现，并在旅游场景当中应用而得以保存。

另外一个价值创新是运用数字技术来创造出一些超越传统的新的价值，如声音文创、传统音乐的现代演绎等，都可以把声音带入新时代。此外还包括文化传播和经济利益的价值创造。通过市场化、资产化的运作，把声音与旅游、地方品牌独特的文化和历史进行结合,也是地方上正在尝试的一些发展方向。如声音博物馆和声音展馆的建设、声音设计以及艺术展。如"听见清明上河图"中的声景艺术和数字资产转换,"礼堂的一天"音乐 CD 在 MVD 平台上发行,并且公开秒杀,短时间募集 100 万元资金。此外,还包括中国音乐遗产地图、"听见数字山河"等项目,也是对传统声音的创新和文创资产转化。品牌资产的创新可以发生在线上和线下,能够进行一系列的产品设计,同时依托新技术、新体验进行非常好的组合,包括数字导览、有声书、音频的旅游指南和解说系统、目的地声景设计等,一些传统的地方声音、街区噪声等能够通过一种非常巧妙的方式在旅游场景当中呈现。基于声音的活化,对于一些古老声音的复活会是一个非常有趣的方向,也是对于旅游资源和资产的新的拓展。

旅游基础设施公募 REITs

周子琛[①]

一、核心政策文件

国务院〔2022〕19号文《国务院办公厅关于进一步盘活存量资产扩大有效投资的意见》，希望进一步地盘活存量资产，包括重点领域、重点区域、重点企业，旅游行业是包括在重点领域之一的。2023年国务院36号文件《关于释放旅游消费潜力推动旅游业高质量发展的若干措施》，我从另外两个角度分享。第一个角度是推动盘活闲置旅游项目，扩大有效投资。首先要推动建立闲置的旅游项目台账，对旅游闲置项目一项一案科学分析；其次是鼓励金融机构能够比较市场化地盘活现有的闲置旅游项目；最后是通过总结各地优秀的项目给市场提供经验借鉴。第二角度是探索在部分地区开展旅游项目收益权、旅游项目景区特许经营权入市交易备案登记试点工作。之前十部委有发布文件，是不允许景区门票打包上市的。而2023年36号文这一条新的规则出来，是放开了一个新的方向，可以探索通过收益权跟特许经营权将门票打包上市，也能为旅游项目通过基础设施REITs发行奠定了良好的基础。

二、基础设施 REITs 核心内容

基础设施 REITs 是不动产投资信托基金，类似于股票或债券的有价证券。它诞生于20世纪60年代的美国，现在全世界第一大的 REITs 市场还是在美国，规模大概是在1.3万亿美元。REITs 其实是一种资产证券化的产品，底层是以发行受益凭证的方式公开向投资人汇集募集资金，然后通过资金的募集再去投资底层的不动产。它是一个权益型的金融工具，通过专业的金融管理机构和运营

[①] 周子琛：中咨（北京）私募基金管理有限公司投资部副总经理。

机构对底层的项目进行日常管理，基于管理所产生的收入，通过一种强制分红的机制发给投资人，其实是一种直接融资的方式，是股权不是债权。ABS是债权类的，而基础设施REITs是股权类的，是把底层项目、景区底下的资产打包上市。

投资人、权益人层面，公布REITs后，每一个个人都有权利购买。作为个人去投资基础设施REITs，如投资了华山景区，针对华山门票未来所有的收入，我比如占了1%股，那它未来的现金流的收入，它的盈利部分我会分得1%。对于发行人来说是一种新型的战略性融资工具。

交易结构层面，是以公募基金作为核心，跟资产支持专项计划结合。资产支持专项计划底层100%拥有项目公司，项目公司100%拥有底层打包好的旅游项目资产。它是一个封闭性的公募基金，份额是在上交所跟深交所可以进行交易的。基础设施REITs现在是在试点阶段，是由国家发改委发起的，主要目的还是盘活国家现在的存量资产。

审核机构层面，主要是国家发改委和中国证监会两家机构进行审核，前期对底层资产基础设施部分的审核是由国家发改委审核，上市金融交易的部分是由中国证监会来进行后期的审核。今年发改委又发布最新的236号文件《关于规范高效做好基础设施领域不动产投资信托基金（REITs）项目申报推荐工作的通知》，在原有基础上，扩大了消费类的基础设施资产，商业类商场类型、农贸市场类型的资产可以打包进行上市。2023年12月已经上市29个项目。跟旅游行业相关的是自然文化遗产方面以及国家5A级旅游景区，目前试点阶段暂时只有两类旅游项目可以进行REITs上市。

试点阶段期间，要求除了刚才我提到最新的消费类的REITs，基本上土地性质必须都是非商业跟非住宅用地，资产规模对于首期发行来说，原则上估值是不能低于10亿元的。项目收益对于特许经营权和经营收益权来说，基金存续期内部的收益LR原则上不能低于5%，产权类项目3年的未来现金流分派率原则上不能低于3.8%，运营时间原则上需要至少是3年以上。旅游行业这几年受疫情影响较大，发改委在审核时，可能会看整个6年的数据，回购比率对原始权益人来说，基金份额回购比例不低于20%。

在筛选中有三个重点，一是底层资产要合法合规、权属清晰、手续齐全；二是可投资，项目能产生持续现金流，且运营成熟稳定；三是对于REITs发行人来说，因为有上市平台，可以持续不断地把资产装到平台中，所以对运营方来说，也需要有比较好的可持续性。

三、基础设施 REITs 的关键问题

有四个关键问题：一是土地的使用情况问题；二是投资建设手续齐全的问题；三是对于基础设施项目入池资产范围确定的问题；四是由于旅游有周期性，有旺季和淡季，所以有收入稳定性的问题。

还有四条大家经常会问的问题：一是怎样的景区或景区内项目是适合发行基础设施 REITs。因为景区项目收入门类是非常多的，一般常见的就是门票、游船、住宿，或作为运营方的服务费、管理费，甚至是政府补贴，可以作为稳定现金流的来源。但政府补贴只能占很小一部分，不能作为比较大的比例。

二是作为风景名胜区的门票，是否能纳入 REITs 的底层资产。实践过程可以分两方面，一方面是把狭义的门票可以单独剥离出来，如索道、观光车收入作为现金流的主要来源。另一种也可以根据最新的 36 号文件，探讨去构建景区的收益权和特许经营权，把门票转化成 REITs 的核心收入来源放到 REITs 产品中。

三是景区内的酒店和餐饮是否可以纳入底层资产里面。对于国资平台来说，景区内会包括酒店和餐饮，从法律角度来说，具有一定的可行性。但酒店跟餐饮的现金流比率是需要控制在合理上限之内。

四是土地性质一般是否符合试点政策的相关要求。景区内的土地性质相对比较复杂，除了有名胜设施的用地、宗教用地，可能还会包括宅基地、耕地、商业用地。一般在实践过程中需要通过第三方机构进行合理的资产梳理和合规性核查，然后把一些不符合规定的土地和资产从资产包里剥离出去。

四、基础设施 REITs 的发行意义

国企、央企都积极做基础设施公募 REITs，因为它变相给企业打造了一个资产的上市平台，通过把现在原有的旧的资产打包，上市以后募集来的新的资金，可以再持续稳定地投入到新的旅游项目建设中，形成非常良性的循环。

国家发改委、财政部关于规范实施政府和社会资本合作新机制的指导意见，是 PPP 新机制的文件，里面也专门提到鼓励符合条件的国有企业通过特许经营模式规范参与盘活存量资产，这为众多文旅基础设施发行 REITs 提供了崭新的思路。通过构建和实施特许经营权，可以有效破解当前门票收入收支两条线的难题。我们也希望通过旅游基础设施项目的纳入，能够为我国的 REITs 市场打开新的局面，提供更多新的思路。

跨行政区旅游吸引物的资本化运营

吴必虎 [①]

一、跨界旅游景区开发问题

多年旅游研究发现,两个省或县交界景区开发问题很复杂。两县交接溶洞,一县先开发,另一县因分钱问题派民兵炸洞口;广西和湖南交界景区,湖南民兵烧广西一侧庙。跨行政区旅游景区开发难。古代上海和江苏崇明岛新沙洲归属问题也有争执。用行政办法解决如张家界,但行政成本高、效率低,资本化、证券化或许是解决办法。有学科叫自然经济学,地理学负责找矿,后续涉及开采、利用、环境治理等,资源评价、估价是资本化、资产化运作。旅游资源边界共生和行政管理属地管理存在矛盾,有很多案例,如武夷山、壶口瀑布、大别山等,跨界情况下交给一个有资质企业运营可能更好,要设计合适框架让各方觉得合算、风险低。但有的地方不愿交给受托公司,与地方政府利益、寻租空间有关。从国家政策看,资源委托代理技术程序学术界定清楚且国家在推动,但实际操作复杂,如中国旅游集团在登封不太成功。利益框架涉及法律、传统利益和非制度方面问题。跨界地区各自为政、利用资源低效、游客体验差,虽资源国有,但实际问题复杂,并非理论上那么简单。

二、自然保护地核心区政策限制与资产化

这里涉及制度政策的协调,中央有全民所有自然资源所有权委托代理,立法没问题,但交给市场时,自然资源部、国家林草局、生态环境部规定自然保护地核心区不得有经济活动,这使资产化无法实现。两三个省交界之处生态特别好,具有旅游开发价值,但同时又是生态敏感地和资源保护地。政策障碍不破除,就无法

[①] 吴必虎:北京大学城市与环境学院旅游研究与规划中心主任、教授、博士研究生导师。

谈资产化。

三、智能技术保障下的溶洞旅游收费公平分配

最后一个点是技术保障即智能技术保障。溶洞情况复杂，空间可兼容性问题导致收费争议，如从某条线进入但最美景观在另一条线。现在有大数据和智能技术，可算出游客在每个点停留时间，若在另一线停留时间远多于入口线，就便于算账。现在有大数据支持下的人工智能办法能清楚算账。受托公司给三条相关线路分钱时，扣除管理费后，各线路或单位分钱可通过人工智能精准计算，无需争吵。

文旅产业趋势分析与携程实践

郝关兵[①]

一、全球旅游市场复苏现状与携程相关发展

全球市场复苏快，2023年国际旅游市场已基本恢复到2019年体量的九成左右，跨国游客人次超9亿，国际旅游增长快速。中国游客强势回归，旅游限制放开、免签政策开放，看好全球旅游市场。中国出入境游增长快，"五一"数据显示出入境增长7倍，出入境机票订单量同比增长超9倍，出入境酒店超4倍，携程增量可观，能反映市场体量。入出境市场除数据变化外，客群有新变化，客群以90后和00后为主，超一半体量，其旅游市场需求发生急剧变化。

国际客源地中，近期我国对法国、西班牙等国家免签，携程将上线"你好，中国"系列，与文旅部和对外旅游协会一起开展入境游相关工作。

携程日活用户、海量用户、钻石高消费用户是旅游市场消费主力。国内政策有积极因素，包括重体验、重消费鼓励措施，鼓励入境游措施，给旅游市场新拓展带来机会。国内旅游增长快，今年跨省长线游领跑国内市场，3C旅游出圈，包括美好都市游（Citywalk）、文旅融合游（Integration of Culture and Tourism）、美好乡村游（Countryside tourism），3C旅游在体验性和产品打造上有特点，城市更新和Citywalk是城市旅游中的一体两面、供需侧差异，携程平台数据显示天津海河、上海滨江大道火爆。

二、携程在文旅产业发展与乡村振兴中的实践

另一个值得关注的是"旅游+"，音乐节增量同比超4倍，演出增量超5倍，明年将在泛旅游、泛文旅消费上做更多产品。乡村游市场体量增长快，携程希望

---

① 郝关兵：携程集团福建市场总经理，海丝国际旅游中心负责人。

有更好实践。目前消费趋势："9+x"一价全包产品有热度；围绕门票或景区POI单点，更多样的产品和消费体验有增量；"两车"租车用车用户增长快；定制游特别是深度游受关注，综合讲解和深度讲解有热度。中国文旅产业实践热点有存量资产盘活，措施包括重塑文旅游消费场景，提升精细化运营能力，优化产品供给。

携程有围绕产业和生态的思考。去年携程集团成立携程文旅产业联盟，希望连接政企两端做服务。文旅市场资产多、客户需求旺，平衡、链接、传递是核心课题，企业端期望资金资源支持和专业团队对接政府或目的地开发，对企业转型和能力有更高要求，优质旅游资源和资产需盘活利用，这是携程产业联盟面对政企诉求的整合。携程有4亿用户、2200多个合作目的地，2024年专注文化和旅游市场是优势。

携程文旅产业联盟核心合作伙伴包括高端住宿业态、城市微度假业态、乡村旅游振兴业态、规划智库业态、文旅科技业态和文创IP业态，在泛文旅消费领域有更多探索。携程文旅产业联盟服务流程分五个步骤：产业规划诊断、搭建招商平台、规范示范项目打造、项目陪伴与监测、全方位营销矩阵。

乡村振兴是核心课题，电商平台把产品送出去，携程把人带进来。乡村振兴存在住宿业态品质待提升、专业人才匮乏、带动效应不足、社会资本难介入等核心问题，携程提出乡村旅游振兴战略。从2021年3月起，董事局梁建章主席和孙洁女士关注乡村振兴核心议题。携程集团在乡村公益投资10个高标准携程度假农庄项目，体系化服务超100家农庄或旅游村项目，这是资产的盘活和利用。目前携程集团已建成上线26家携程度假农庄服务游，其中4家是集团公益项目，22家是商业化项目，是原有资产区位、服务、配套不错，但经营不好的项目，携程通过平台能量予以流量赋能、服务赋能、运营赋能综合提升。携程在安徽六安金寨的装配式农庄"10＋1"公益项目是当地高标准体验的样板，除店长外都是当地员工，本地员工人均收入增长，带动周边旅游消费，这是携程做乡村振兴的核心诉求。

另一个案例是河南济源的小有洞天，在王屋山阳台宫边上，是旧房改造的农庄项目，难点在于活化资产、完善服务配套和引进人才，是个好案例。还有新疆禾木的案例，是在村落中做高标准SOP综合服务，旅游市场不因距离远或偏就降低标准，反而要求更高。做携程度假农庄项目是抓龙头。除做项目外，还做非遗体验，有非遗进农庄体验项目，当地文学、综艺、戏曲都可嫁接进来，作为农庄体验的服务和体验方向，人文课堂能让当地居民有更好收入和实践机会。

携程做乡村振兴不只是开农场，以福州永泰项目为例，整合周边旅游串线、一日游项目，做综合旅游体验和服务，带动村民增收。当地美食是旅游名片，携程有美食林品牌，在各地乡村开展寻味会活动，嫁接当地物产和美食，还有助农礼包，农特产品体量很大，要解决优质产品市场的城市需求和农村销路两个需求端问题。

三、携程在乡村振兴与旅游项目发展中的实践

携程除平台外还有文创设计团队，有远明方物、陆安、松阳等不错的文创开发案例。人才振兴是乡村振兴中长期发展的根本，携程度假农庄员工是当地员工，农庄内培训将惠及周边农庄，把高标准和服务能力嫁接到当地农庄线，有帮扶对象，如"1+n"赋能体系、民宿人才孵化营、行业沙龙、周边走访帮扶等，携程在文旅乡村振兴下了工夫。

携程的海丝国际旅游中心项目，与福建对接四年、谈了两年多。各地有旅游集散中心，它们是服务团客时代的业态，OTA介入后在线旅游市场变化，业态调整和服务是新课题。接到课题后，思考以携程平台能力和数据能力，将更好服务方向嫁接进来，有"9+2"功能区，项目相当于城市有旅游集散服务中心实体，是资产，要做活化利用，盘活它，可把携程旗舰店、旅游服务引进来，服务出境或跨城客户群体。对于目的地客群，可做城市展厅，有海丝门户城市展示中心即城市会客厅，可在里面做海丝共享直播、大数据开发，让参观者了解当地资源数据和宏观微观情况，还有青年文创生活观，即福州主题酒店，围绕其做更好业态服务。资产活化利用是携程新课题，希望学者加入、指导。

四、携程发展方向

携程是伴随中国当代旅游市场成长的大型旅游公司。有几个值得关注的节点：1999年成立，是第一批互联网企业；2003年非典时期，利用资本力量穿越周期；2021年港股上市，按GMV核算已是全球领先旅游集团，增长很快。携程平台业务主要有四大业务板块：大住宿、大交通、大度假和OTA。住宿和交通是核心业务线，包括酒店服务、生态酒店企业、交通出行商，智行是携程孵化的服务企业，还有海外的天巡等平台，2016年开始重点推进全球化。度假业务是传统旅游市场，持续深耕，OTA平台包括去哪儿、途牛、同程等国内平台以及印度的make my trip、猫头鹰等，都是携程生态。从全球业务看，携程专注旅游，旅游的链接性很强，主打Trip.com品牌。携程专注旅游市场，做好旅游服务，希望通过产业联盟在旅游资产方面做更多文章。

货币化衡量是景区经营权资产化的根本

林壁属[①]

今年的旅游市场可用一句话形容：旅游消费理性化与旅游行为非理性化。为解决这一问题，引出今日论坛主题——旅游资本：资产化与证券化。

一、景区旅游经济价值评估

货币化衡量是景区旅游经营前资产化的根本，我在 2010 年发现这一问题。当时福建省旅游集团委托我进行冠豸山景区投资可行性研究，面临吸引游客数量、收入预算、折现力计算等难题。我的学生以此为主题进行论文研究，但计算出的折现率 14.66% 被认为过高，导致投资现值过低。因此，我现在采用经验数据进行估算，不再依赖所谓科学数据。我对景区经济价值评价研究心里没数，因为我的学科背景是世界历史，不擅长算账。我向厦门大学会计系主任杜兴强教授请教，他建议使用实物期权方法，但我也需要先了解实物期权再指导学生进行论文研究。

做完后自己觉得不错，2010 年提出，2011 年硕士做，2012 年博士进入，2013 年 4 月 20 号写出第一篇用实物期权计算景区经营权价值的论文并投稿《经济管理》，当年 6 月 1 号发表，速度快，编辑部认可。投稿时 10 500 字，编辑要求 17 000 字，补充案例后很快发表。论文获 2015 年原国家旅游局优秀旅游研究论文优秀奖。

在此基础上，核心是解决景区旅游经济价值评估在学术研究模型和方法上的科学性、适用性，以及用实物期权评估的准确性。博士周春波和同事李玲用此方法做景区估值。李玲用此申请国家社科基金青年项目并立项。周春波先完成博士论文《旅游资源经济价值的理论建构与评估优化研究》，2016 年浙江大学出版社出版。之后想继续，问题是凝练科学问题，发现党的十八大提出资源有偿使用制度和生态补偿制度，但国家至今没给出好方法，只是探讨。

[①] 林壁属：厦门大学管理学院旅游与酒店管理系教授、博士研究生导师，全国 MTA 教指委委员。

二、景区价值评估研究成果与应用

2017年以景区旅游经营权价值定量评价为题研究旅游景区开发中价值评估问题。对武夷山、鼓浪屿、冠豸山、石牛山等景区跟踪研究，多次前往收集和调整数据验证，后申报国家自然科学基金，获面上项目"基于实物期权理论的景区经营权价值评估的模型与方法研究"，2017年立项，2018年开始，2021年结题。研究成果正在出版，中期成果已出版，是博士林文凯所写，2019年旅游教育出版社出版，2020年获文化和旅游部优秀旅游研究成果专著类三等奖。

在此基础上做了扩展研究。2020年毕业的林玉虾博士原本要做生态补偿，后来做环境复愈价值研究，从旅游角度考虑环境价值，我曾觉得偏门。上周末在杭州遇到他，他说研究后发展不错，拿了浙江省社科项目，去年又拿了国家自然科学基金青年项目，得到国家认可。但学术应用是问题。做项目过程中做了两个验证，一是漳州巫山面积大，2016年市委书记提出统一规划、开发、运营，但山体大、分属三县，投资和利益分配是问题，有个县长提到我在做景区价值评估，希望我帮忙，市委书记同意，派分管旅游副市长和旅发委主任来谈，三个县出钱做评估，我用两个月完成评估，要汇报时却找不到人，市委书记、旅发委主任、副市长都调走了，新旅发委让我找建设指挥部，指挥部又让我找旅发委，事只做了一半，评估出来却没人听，是利益分配没处理好，不容易。

三、景区招商引资评估

2019年漳州二宜楼招商引资失败，福建景区招商引资多失败，开发商、政府、居民易产生不可调和矛盾。建议二宜楼股权融资，评估时对方要求稍作调整。县政府希望国有企业投一个小目标，要求保证投入景区经营项目有收益或按年8%资金成本给回报，否则不干，双方因这一点分歧没达成合作。不是评估问题，是实践应用利益分歧大，挣钱不易。在此基础上申报了国家自然科学基金项目"景区虚实共生资产评估"，2026年完成，因基金项目没完成，我还未完全退休。

对10个景区比较，采用加权平均资本成本8.6%作为贴现率，用现金流折现法、基于经济增加值的评估法和实物期权法预测未来自由现金流和经济增加值，得出景区类上市公司评估价值并对比分析。10家景区包括张家界、峨眉山等，验证后反映出专家方法和大众认知的差距。用三种方法计算，实物期权法在财务里大部分人不用，企业现金流折现法算下来只有长白山有点残值，按企业现金流折现法景区上市公司都不宜投资，用经济增加值法EVA没有一家值得投资。景区资产化研究，学界与业界分歧很多，此领域开拓任重道远。共同努力！